SERMONS

DE MESSIRE

JACQUES-BENIGNE

BOSSUET,

EVÊQUE DE MEAUX.

SERMONS

DE MESSIRE

JACQUES-BENIGNE

BOSSUET,

ÉVÊQUE DE MEAUX;

CONSEILLER DU ROI EN SES CONSEILS,
& Ordinaire en son Conseil d'Etat ; Précepteur
de Monseigneur LE DAUPHIN, &c.

TOME DIX-SEPTIEME.

A PARIS,

Chez LAMY, Libraire, Quai des Augustins.

M. DCC. LXXXX.

Avec Approbation, & Privilége du Roi.

PRÉFACE.

« Pour moi, s'écrie l'Ora- *tom. XVII;*
» teur, s'il m'eſt permis, après *p. 217.*
» tous les autres, de venir
» rendre les derniers devoirs
» à ce tombeau, ô Prince, le
» digne ſujet de nos louanges
» & de nos regrets, vous vi-
» vrez éternellement dans ma
» mémoire : votre image y ſera
» tracée, non point avec cette
» audace qui promettoit la vic-
» toire : non, je ne veux rien
» voir en vous de ce que la
» mort y efface. Vous aurez
» dans cette image des traits
» immortels : je vous y verrai
» tel que vous étiez à ce der-
» nier jour ſous la main de
» Dieu, lorſque ſa gloire ſem-
» bla commencer à vous appa-

Tome XVII. a

» roître. C'eſt là que je vous
» verrai plus triomphant qu'à
» Fribourg & à Rocroy ; &
» ravi d'un ſi beau triomphe,
» je dirai en actions de graces
» ces belles paroles du bien-
» aimé Diſciple : *Et hæc eſt*
» *victoria quæ vincit mundum,*
» *fides noſtra.* La véritable vic-
» toire, celle qui met ſous nos
» pieds le monde entier, c'eſt
» notre foi. Jouiſſez, Prince,
» de cette victoire ; jouiſſez-en
» éternellement par l'immor-
» telle vertu de ce ſacrifice.
» Agréez ces derniers efforts
» d'une voix qui vous fut con-
» nue. Vous mettrez fin à tous
» ces diſcours : au lieu de dé-
» plorer la mort des autres,
» grand Prince, dorénavant je
» veux apprendre de vous à
» rendre la mienne ſainte. Heu-
» reux, ſi averti par ces che-

1. Joan. V,
4.

» veux blancs du compte que
» je dois rendre de mon admi-
» niſtration, je réſerve au trou-
» peau que je dois nourrir de
» la parole de vie, les reſtes
» d'une voix qui tombe, &
» d'une ardeur qui s'éteint ».
Boſſuet fut fidele à cet engagement; & déſormais uniquement
appliqué à inſtruire ſon peuple
& à combattre l'erreur, il laiſſà
à d'autres le ſoin d'animer par
leurs diſcours ces lugubres cé-
rémonies.

Quelque parfaite que fût
cette Oraiſon, il ſe trouva encore des cenſeurs qui crurent
pouvoir la blâmer. Tel eſt le
ſort des plus grands Orateurs
& des plus illuſtres Ecrivains :
ils ſont ſans ceſſe expoſés à la
critique, & d'autant plus qu'ils
excellent davantage, qu'ils ont
un mérite plus éminent. C'eſt

au reste une forte de confolation qu'il faut accorder à
l'amour - propre des Auteurs
médiocres, qui ne pouvant atteindre à une fi haute perfection, tâchent de s'en dédom-
mager, en cherchant à découvrir des défauts dans ces grands
maîtres, dont la gloire obfcurcit
trop vîte leur éclat momentané.
Il n'eft pas étonnant qu'ils travaillent adroitement à fe venger de leur fupériorité, & qu'ils
s'efforcent de les rapprocher un
peu de cette médiocrité qui
humilie & chagrine fi fenfible-
ment la vanité des petites ames.
Foibles enfans, dont les coups
ne fervent qu'à montrer leur
impuiffance, & qu'à faire mieux
fentir la force de ceux qu'ils
attaquent.

Entre les endroits qu'on a
pu critiquer dans l'Oraifon fu-

nébre du Prince de Condé, il
en eſt un auquel nous nous ar‑
rêterons volontiers; parce que
la cenſure qu'on en a faite a
donné lieu à une réponſe dont
nous avons l'original, que nous
ne croyons pas avoir été im‑
primée, & qui nous a paru
remplie de réflexions très-ſo‑
lides, très-propres à ſournir des
lumieres ſur d'autres points,
en un mot dignes d'être com‑
muniquées au public, quoique
nous en ignorions l'Auteur.
Voici cette réponſe.

« Je ſais, comme vous, que
» la critique s'eſt fort exercée
» ſur l'endroit de l'Oraiſon ſu‑
» nébre de M. de Meaux, où
» il joint l'éloge de M. de
» Turenne à celui de M. le
» Prince, & paroît vouloir
» faire un parallele de ces deux
» grands hommes. Je ſais que

» des perſonnes très-éclairées
» ont trouvé de l'affectation
» dans ce parallele , & ont
» même cru que le Héros qu'il
» vouloit louer perdoit quel—
» que choſe par cette compa-
» raiſon.

» J'avoue que cet avis ap-
» puyé par des Juges qui ont
» une grande réputation dans
» ces matieres, a été ſuivi d'un
» grand nombre de ces ſortes
» de gens qui forment toujours
» leur jugement ſur celui des
» autres : mais je vous dirai
» ſincérement que je n'ai été
» entraîné, ni par l'autorité,
» ni par la foule. Voici donc
» ce que j'ai jugé ou plutôt ce
» que j'ai ſenti en liſant cet
» endroit de l'ouvrage de M. de
» Meaux : car comme ces traits
» hardis & ſinguliers partent
» plus du ſentiment que de la

» réflexion , ils doivent être
» examinés dans le même ef-
» prit qui les a formés.
» Je me repréfente M. de
» Meaux qui entreprenant l'é-
» loge de M. le Prince, arrive
» naturellement & par la fuite
» de fon difcours à la bataille
» de Nordlingue. Une fi fa-
» meufe journée méritoit bien
» d'entrer dans cet éloge. M. de
» Turenne avoit joué un fi
» grand rôle dans cette action,
» que non-feulement il auroit
» été difficile de l'oublier, mais
» il y auroit eu même de l'af-
» fectation à n'en parler pas.
» Voilà donc l'idée de M. de
» Turenne, qui s'unit naturel-
» lement à celle de M. le
» Prince dans l'efprit de M. de
» Meaux. Ce n'eft pas lui qui
» va chercher cette idée, c'eft
» fa matiere qui la lui fournit.

a iv

» Il voit en un moment , &
» comme par un coup-d'œil,
» les traits nobles & hardis
» que cette comparaifon ne
» manquera pas de lui infpirer;
» & fe laiffant aller à une ef-
» pece d'enthoufiafme inconnu
» aux Orateurs médiocres, il
» fuit avec rapidité la force &
» la grandeur de fon génie, &
» fait entrer la gloire de M. de
» Turenne comme de nou-
» veaux rayons qu'il ajoute à
» celle de M. le Prince. Quand
» il entreprend ce parallele, il
» a bien vu qu'il ne blefferoit
» ni les regles de la bienféance,
» ni celles du Panégyrique; il
» a bien fenti qu'il n'avoit rien
» à craindre ni pour lui, ni
» pour fon Héros, & qu'il lui
» conferveroit ce degré de
» fupériorité qui l'a frappé
» d'abord, & qui l'a fans doute

» déterminé à préfenter à toute
» l'Europe ces deux grands
» hommes en même temps.

» Lifez, pefez tous les termes
» de cette comparaifon , &
» vous verrez fi fa confiance
» étoit bien fondée. M. de
» Meaux paroît touché de la
» gloire de M. de Turenne , &
» accablé, s'il faut ainfi dire,
» de celle de M. le Prince. Il
» donne de grandes louanges
» au premier, & tout le monde
» fait qu'il les méritoit. Pour
» M le Prince, il ne fe fert
» d'aucune expreffion qui ne
» foit un trait de lumiere dont
» il éblouit les autres, après
» avoir été ébloui lui-même.

» L'un parvient à une grande
» réputation dans la guerre,
» mais par degrés & par une
» longue fuite d'actions. L'autre
» n'a befoin ni d'âge, ni d'ex-

» périence, & s'attire dès sa
» premiere campagne l'admi-
» ration de toute l'Europe.

» C'est un grand homme qu'il
» peint en la perſonne de M. de
» Turenne : mais tout ce qu'il
» dit de M. le Prince paroît
» l'élever au-deſſus de la con-
» dition humaine.

» Dans l'éloge de l'un, il
» emploie tous les traits de ſa
» noble & forte éloquence;
» mais il ne paroît point infé-
» rieur à ſa matiere : ſes ex-
» preſſions répondent à ſes
» idées, & ſes idées à la gran-
» deur de ſon ſujet. Dans l'é-
» loge de ſon Héros, il ſe livre
» tout entier aux vives ſaillies
» de ſon imagination échauffée
» à la vue d'une ſi brillante
» gloire, ſans oſer toutefois eſ-
» pérer d'y pouvoir atteindre.
» Ce n'eſt plus éloquence, c'eſt

» enthousiasme, c'est posses-
» sion, s'il m'est permis de par-
» ler ainsi; & il ne paroît pas
» moins inspiré dans son dis-
» cours, que M. le Prince pa-
» roissoit l'être dans ses actions.

» Mais voyez jusqu'où l'éleve
» & par où finit cet heureux
» enthousiasme. En ramassant
» dans le même tableau la gloire
» de ces deux fameux Capi-
» taines, il se fait un chemin
» pour arriver à celle de Louis
» le Grand, qui après avoir
» exécuté par eux tant de
» grands projets, & s'être servi
» si glorieusement de ces deux
» grands hommes, a su encore
» plus glorieusement s'en pas-
» ser, & faire par lui-même de
» plus grandes choses ».

Voilà des réflexions sages,
dignes d'un censeur qui fait
tout peser, tout comparer pour

former un jugement équitable. On trouveroit de même trèssouvent bien des raisons capables de justifier les grands hommes que l'on critique aveuglément, si l'on pouvoit pénétrer dans leurs vues, saisir leurs motifs, s'élever aussi haut qu'eux pour voir les objets comme ils les ont conçus, & sur-tout si l'on ne se laissoit pas préoccuper par ses petites idées. Mais un intérêt secret fait qu'on aime à précipiter sa censure, pour avoir le plaisir malin de condamner ce que l'amour-propre ne permet pas d'admirer, & afin de rabaisser au moins dans son esprit ceux dont on ne peut souffrir l'élévation.

ARTICLE SECOND.

*Plufieurs autres Oraifons fu-
nébres que M. Boffuet a préchées à Paris, & fauffeté du
récit de Voltaire fur celle de
la Reine-Mere.*

Outre les Oraifons funébres
dont nous venons de rendre
compte, le Prélat en a encore
prêché deux autres à Paris,
mais avant fon Epifcopat. La
plus célebre eft celle de la
Reine-Mere Anne d'Autriche,
qu'il prononça dans l'Eglife
des Carmélites du Boulloy en
1667, à l'anniverfaire de cette
Princeffe, en préfence, dit
M. Ledieu, d'un grand nombre
de Prélats & d'une Affemblée
choifie, M. de Perefixe, Archevêque de Paris, officiant. On
ne connoît de ce Difcours que le

texte, rapporté dans les Mémoires de Ledieu, lequel étoit tiré du Chap. XXXIII d'Isaïe, verset 6. *Timor Domini, ipfe eft thefaurus ejus*, « La crainte » du Seigneur fera fon tréfor ». Quelques recherches que nous ayons pu faire, il ne nous a pas été poffible de découvrir cette piece; & quoiqu'on connoiffe affez le génie de Voltaire, & qu'on foit accoutumé à fes paradoxes hiftoriques, on ne peut fans étonnement l'entendre nous dire : » L'Oraifon » funébre de la Reine-Mere » qu'il prononça en 1667 lui » valut l'Evêché de Condom: » mais ce Difcours n'étoit pas » encore digne de lui, & il ne » fut pas imprimé non plus que » fes Sermons ».

Siecle de Louis XIV, tom. III, p. 74.

D'où Voltaire fait-il que cette Oraifon n'étoit pas encore digne de Bossuet, puisque personne ne l'a lue, puisqu'elle n'a jamais été imprimée, puisque nul Ecrivain du siecle dernier ne l'a critiquée ? » Il faudroit, » comme il le dit sur un autre » sujet, être non-seulement » contemporain, mais encore » muni de preuves pour avancer » de telles anecdotes ». Parler ainsi de faits qui se sont passés il y a cent ans, & sur lesquels on ne peut citer aucun témoin, n'est-ce pas s'abandonner à son imagination romanesque, & mériter plus que tout autre d'être compté parmi ces *inventeurs d'anecdotes*, contre lesquels Voltaire déclame avec tant de force ? Sans doute qu'il pense être le seul qui ait droit de nous débiter ses rèveries, & qu'il lui est bien permis de traiter l'Histoire comme il traite

Siecle de Louis XIV, tom. II, p. 368, 369. not.

Ibid. tom. III, p. 223.

fans ceffe la Religion, avec une infidélité & un mépris qui ne connoiffent ni regle ni égards. Au refte quand on n'écrit , ainfi que cet Auteur, que pour fatisfaire fes préjugés & fes paf-fions, on a befoin de rejetter les faits les mieux établis, d'en avancer fans preuve, de con-tredire les vivans & les morts; & après avoir foulé aux pieds le facré & le profane, l'orgueil n'a plus rien à ménager dans fa haine contre les grands hommes qu'il veut déprimer. Qui a plus auffi calomnié Boffuet que Vol-taire, & fur tous les points, fur fa croyance, fur fa vertu, fur fes controverfes? En vérité il lui fied bien de nous vanter fa bonne foi, & de nous faire valoir fon zèle contre l'injuf-tice des hommes. Quelle con-fiance ne faut-il pas qu'il ait

Ibid. tom. II, pag. 371, 372.

dans la fimplicité du public, pour croire l'amuſer par ces vaines proteſtations tant de fois réitérées ? » On voit par » ces témoignages avec quelle » exactitude l'Auteur du Siecle » de Louis XIV a cherché la » vérité, & avec quelle can- » deur il l'a dite ». N'eſt-ce donc pas aſſez de tromper ſi groſſiérement les hommes, ſans inſulter encore à leur crédulité? Mais Voltaire n'a pas ici deſ-fein d'en impoſer; & qui ſeroit aſſez dupe pour prendre ſes paroles à la lettre ? On ſait trop combien l'ironie lui eſt familiere; & au ſurplus il ſe rend aiſément juſtice. Pouvoit-on mieux caractériſer ſes Ou-vrages qu'il l'a fait lui-même ? & ne ſemble-t-il pas qu'il ait voulu ſe peindre au naturel ſous

Ibid. tom. II, p. 133, not.

un nom étranger, lorfqu'il a dit : « Nous fommes inondés » depuis peu de Dictionnaires » qui font des libelles diffa- » matoires. Jamais la Littéra- » ture n'a été fi déshonorée, » ni la vérité fi attaquée ». Quoi de plus capable en effet de déshonorer la Littérature que cette multitude de pro- ductions fi indécentes que Vol- taire enfante continuellement, où la vérité fous tant de formes différentes eft fi indignement outragée ? Qui ne voit que fon but eft de la défigurer, de la traveftir de telle maniere dans toutes fes parties, qu'elle de- vienne entierement méconnoif- fable, & qu'à fa lumiere fuc- cedent les ténebres d'une igno- rance qui favorife toutes les erreurs, ou les incertitudes

Siecle de Louis XIV, *tom. III*, *p.* *229, not.*

d'un pyrrhonifme fi propre à fomenter une fuperbe indifférence ?

Mais pour nous fixer à notre objet, s'il eft vrai, comme l'avance Voltaire, que l'Oraifon funébre de Boffuet n'étoit pas digne de lui, ni par conféquent de la Reine-Mere, à quel titre à-t-elle pu lui mériter l'Evêché de Condom, ainfi que le prétend cet Hiftorien ? Il faut au moins, quand on veut imaginer des faits, raifonner en même-temps & ne pas fe contredire auffi ouvertement. Boffuet dut fi peu fon élévation à ce Difcours, qu'il ne fut nommé qu'environ trois ans après à l'Evêché de Condom. Le Difcours fut prêché au commencement de 1667, & le Roi ne nomma Boffuet à cet Evêché qu'au mois de Septembre 1669. Dès qu'on fait la grande réputation que Bossuet s'étoit faite à la Cour par ses Sermons si célebres, a-t-on besoin d'aller chercher des causes inconnues de sa nomination? « Il avoit, » dit Voltaire lui-même, prê- » ché assez jeune devant le » Roi & la Reine en 1662, » long-temps avant que le Pere » Bourdaloue fût connu. Ses » Discours soutenus d'une ac- » tion noble & touchante, les » premiers qu'on eût encore » entendus à la Cour qui ap- » prochassent du sublime, eu- » rent un si grand succès, que » le Roi fit écrire en son nom » à son pere, Intendant de » Soissons, pour le féliciter » d'avoir un tel fils ». Pour-quoi supposer ensuite d'autres motifs de sa promotion, « Puis- » que, comme le remarque le

Ibid. tom. III, p. 73.

Préface de ses Serm.

» Pere de la Rue, ce fut là
» le fondement de la haute
» réputation , qui lui attira
» non – feulement les grands
» honneurs dont il fut depuis
» revêtu, mais la confiance du
» Roi fur l'éducation de Mon-
» feigneur, & celle de toute
» la Cour fur les plus impor-
» tantes affaires de la conf-
» cience & de la Religion ».

Au refte , quoi qu'en dife
Voltaire, l'Oraifon funébre de
la Reine-Mere répondit parfaitement à la célébrité de fon
Auteur; & fi jamais il dut être
pathétique, ce fut dans cette
circonftance, où il parloit d'une
Princeffe qui avoit eu pour lui
tant d'eftime & d'affection, &
où tous les fentimens de fa
reconnoiffance ne pouvoient
manquer de donner à fon génie
un nouvel effor. Auffi fon Se-

crétaire nous affure-t-il que
« Son Difcours fut d'autant
» plus touchant, qu'il étoit
» lui-même plus pénétré de
» douleur de la grande perte
» qu'il avoit faite ».

Si Boffuet ne fit pas imprimer
ce Difcours, c'eft que rien ne
l'y obligeoit. Nous avons déja
vu quelle étoit fa maxime fur
ce point : fidele à la fuivre,
il ne publia fes autres Oraifons
qu'à la demande des perfonnes
intéreffées, & forcé par la néceffité des circonftances. Il
avoit prêché celle de la Reine-
Mere à la priere des Carmélites, avec lefquelles il étoit
très-lié, & qui avoient voulu
donner à la Reine défunte cette
marque de leur reconnoiffance.
Ce n'étoit pas là fans doute un
motif affez preffant pour faire
imprimer fon Difcours. Que

Boſſuet , dans l'état où il ſe trouvoit, l'eût mis au jour , ſa démarche eût paru affeƈtée, & l'on auroit pu y ſoupçonner quelque vue ſecrete d'ambition. La conduite qu'il tint étoit donc ſage , digne d'un homme qui vouloit des raiſons déciſives pour produire ſes Ecrits , qui a négligé tant d'autres pieces mémorables , fort applaudies, qu'il n'a pas même daigné conſerver; parce qu'elles ne lui paroiſſoient d'aucune utilité après l'aƈtion pour laquelle elles avoient été faites. Tels ſont les Paranymphes des Bacheliers de Navarre, la Harangue latine qu'il prononça dans cette occaſion, le Diſcours qu'il fit à la louange du Prince de Condé lorſqu'il lui dédia ſa tentative , l'Oraiſon qu'il prêcha le 17 Juin 1665, à l'ouverture du Synode que tenoit cette année M. de Péréfixe, & « Qui lui mérita, » dit M. Ledieu, des applau-» diffemens femblables à ceux » qu'il recevoit dans toutes » fes actions publiques »; fans parler ici de plufieurs autres pieces de tout genre, très-dignes de nos regrets. Si Boffuet avoit été jaloux de fe faire im-primer, qui l'auroit empêché de revoir fes Sermons & de les donner au public? Mais il avoit fi peu d'envie de mul-tiplier les Livres, que jufqu'à fon Epifcopat il ne fit paroître d'autre ouvrage que la réfuta-tion du Cathéchifme de Paul Ferry, & ne publia que plus de quinze ans après le traité de l'Expofition de la foi, ce Livre fi utile & fi recomman-dable, qu'il avoit compofé de-

puis

puis long-temps : encore fallut-il des raisons preſſantes pour l'engager à mettre au jour ces deux Ecrits.

Mais c'eſt aſſez avoir prouvé qu'on ne doit rien conclure du défaut d'impreſſion contre les Ouvrages de Boſſuet, & qu'on ne ſauroit trop ſe défier des récits de Voltaire. Toujours prêt à ſe glorifier « De ne rien » avancer que la preuve à la » main ; parce qu'il n'eſt pas » permis d'écrire l'Hiſtoire au- » trement », & aſſez hardi pour s'applaudir de « Dire la » vérité dans les plus petites » choſes »; ſous le voile de ces belles maximes & de ces graves proteſtations, il ſe fait un jeu de nous débiter continuellement les plus groſſiers menſonges. Auſſi perſonne ne mérita mieux que cet Hiſtorien, qu'on lui ap-

Siecle de Louis XIV, tom. II, p. 211, not.

Ibid. p.253, 255, not.

pliquât ce qu'il dit des Mémoires de *Maintenon.* « Les
» fauſſes Anecdotes, ce ſont
» ſes paroles, ſur ceux qui il-
» luſtrent le beau ſiecle de
» Louis XIV, ſont répétées
» dans tant de Livres ridicules,
» & ces Livres ſont en ſi grand
» nombre, tant de lecteurs oi-
» ſifs & mal inſtruits prennent
» ces contes pour des vérités,
» qu'on ne peut trop les pré-
» munir contre tous ces men-
» ſonges. Et ſi on dément ſou-
» vent l'Auteur des Mémoires
» de *Maintenon,* (il eût pu
» dire, avec autant de fonde-
» ment, l'Auteur du ſiecle de
» Louis XIV), c'eſt que ja-
» mais Auteur n'a plus menti
» que lui ».

Avant l'Oraiſon funébre de
la Reine mere, Boſſuet avoit
prêché, au mois d'Avril 1663,

celle de Nicolas Cornet, Grand-Maître de Navarre, qu'il prépara dans le court espace de neuf jours. Mais on ne peut juger sûrement du mérite ou des défauts de cette Oraison; parce que l'original n'est point parvenu jusqu'à nous, & qu'on ne sauroit s'en rapporter au Discours que le neveu de ce Grand-Maître fit imprimer en Hollande en 1698, sous le nom du Prélat. En effet, à la lecture qu'on lui fit de la piece, Bossuet déclara, comme l'atteste son Secrétaire, ne point absolument s'y reconnoître, & il ne souffrit pas qu'on la réunît à ses autres Oraisons dans la nouvelle Edition qu'on en donna l'année suivante. La précaution qu'on eut de publier cette Oraison en pays étranger, si long-temps après qu'elle eut été préchée, & sans consulter le Prélat, nous fourniroit encore plusieurs observations contre son authenticité; mais les faits parlent assez clairement, & n'exigent pas ici nos réflexions. Cependant, malgré toutes les raisons qui pouvoient nous autoriser à supprimer ce Discours, comme il a été inséré dans la précédente Collection, pour éviter les plaintes, nous avons pris le parti de lui donner également place dans la nôtre.

ARTICLE TROISIEME.

On venge Bossuet du jugement qu'un faux critique a porté de ses Oraisons funébres, & l'on parle de celles qu'il a préchées à Metz.

Parmi les Ecrivains qui ont prétendu apprécier les Oraisons

funébres de Bossuet, il en est un qui a publié en 1745 une brochure d'environ deux cents pages, imprimée à Paris chez Lottin, & qui a pour titre : *Idée du caractere des Oraisons funébres.* Là, comparant les Oraisons funébres de Bossuet avec celles de Fléchier, il n'hésite pas de donner la préférence à l'Evêque de Nîmes sur l'Evêque de Meaux. Mais un pareil jugement n'a rien qui surprenne de la part d'un Ecrivain aussi bizarre dans ses idées que l'Abbé Lenglet du Fresnoy, Auteur de la Brochure dont nous parlons. Pour sentir tout le faux de sa décision, il suffit de lire les textes des deux Orateurs, qu'il rapporte à sa maniere, & qui montrent ou combien cet homme singulier s'est mal connu en s'établissant juge

entre ces deux illuftres perfon-
nages, ou combien il a été aveu-
glé par fes préjugés & fa partia-
lité. On eft vraiment indigné
de voir un critique fi peu fait
pour décider du mérite de Boffuet, prendre à fon égard le
ton d'un vrai pédant, morceller
fans équité les Difcours de ce
grand homme pour y trouver
des défauts, accumuler les reproches & les déclamations
contre cet Orateur incomparable, pour faire difparoître,
s'il étoit poffible, fes grandes
qualités; tandis qu'il exagere
puérilement les beautés de fon
coryphée, & qu'il diffimule
groffiérement la plupart de fes
défauts, afin de lui adjuger la
palme. Petit génie, qui au lieu
de venir modeftement recevoir
des leçons d'un auffi grand
maître que Boffuet, eft affez

ridicule pour exiger qu'il se plie à toutes ses idées, s'il veut obtenir son approbation.

Ce n'est pas ici le cas de faire l'examen des regles qu'il pose, souvent très-défectueuses, & encore plus mal appliquées, ni d'entreprendre la discussion de tous ses raisonnemens, dont beaucoup péchent par un défaut de justesse trop ordinaire à cet Ecrivain. Au reste, il est peut-être encore plus passionné pour sa propre gloire que pour celle de Fléchier; & toutes ses manieres, son ton, ses discours font apercevoir assez clairement un dessein principal dans cet homme si vain, qui est de se faire valoir lui-même par un étalage fastueux d'une érudition superflue, pendant qu'il affecte d'élever outre mesure Fléchier, en déprimant

contre toute raison Boſſuet.
Nous nous bornerons à rapporter les avis de Maîtres plus
verſés dans la matiere, plus
dignes de prononcer dans cette
conteſtation, & d'une autorité
plus propre à fixer le jugement
du Lecteur.

Si les Orateurs du ſiecle
dernier avoient eu à décider
notre queſtion, juſtes apprécia-
teurs du vrai mérite, ils n'euſſent pas héſité de donner leurs
ſuffrages à Boſſuet. Par-tout ils
s'empreſſent de le combler de
leurs éloges; & jaloux, pour
ainſi dire, de prévenir les jugemens téméraires d'une race
futile, leurs Diſcours ſont autant d'arrêts qui aſſurent éternellement à ce grand homme
la prééminence qui lui eſt due.
Auſſi, quand ils parlent de cet
admirable Orateur, ſemblent-

ils ne pouvoir trouver d'expref-
fions affez magnifiques pour relever fes qualités fublimes. Tantôt ils nous déclarent qu'il avoit
« Remporté les applaudiffe-
» mens de toute la France par
» fes célebres prédications, &
» tantôt ils nous atteftent qu'il
» parut dans la chaire de l'E-
» vangile comme un Chryfof-
» tôme, avec de fi grands fuc-
» cès, qu'il obfcurcit en peu de
» temps la plupart de fes égaux.
» Les talens qu'il avoit reçus
» du ciel pour l'éloquence, &
» qui lui avoient acquis dans
» les efprits une fi haute ef-
» time », l'auroient fait jouir
long-temps de cette fupériorité;
« Mais méditant déja des vic-
» toires contre les ennemis de
» l'Eglife, il laiffa obtenir à
» fes rivaux le premier rang
» qu'il pouvoit occuper dans

Réponfe de M. Charpentier au Difcours de M. Boffuet.
Difcours de M. l'Abbé de Polignac.
Réponfe de M. l'Abbé de Clérembault.

» l'éloquence sacrée ». S'ils veulent ensuite caractériser plus particuliérement ses Oraisons funébres, leur admiration répond à la sublimité de ces

Eloge par l'Abbé de Choisy. pieces « Où l'Orateur déplora » d'une maniere si noble & si » touchante la fragilité des » grandeurs humaines, qui lui » ont attiré, disent-ils, tant

Discours de l'Abbé de Polignac. » d'acclamations... De là, ajou- » tent-ils, font fortis ces Dif- » cours véhémens, qui faifif- » foient tous fes Auditeurs, ces » Oraisons fameufes qui nous » apprennent comment on peut » instruire les vivans par l'exem - » ple des morts ».

Et quelle préférence ne don- neroient-ils pas à cet incompa-

Discours de la Bruyere. rable personnage, « Qui accable » par le grand nombre & par » l'éminence de fes talens; » d'une rare érudition, d'une

» plus rare éloquence, soit dans
» ses entretiens, soit dans ses
» écrits, soit dans la chaire;
» en faveur duquel la nature *Eloge par*
» leur paroissoit avoir ramassé *l'Abbé de*
Choisy.
» toutes ses forces pour l'en-
» richir & lui prodiguer tous
» ses dons; qu'ils nous repré- *Discours de*
» sentent enfin comme un de *l'Abbé de*
Clérembault.
» ces hommes rares & supé-
» rieurs, qui sont quelquefois
» montrés au monde, pour lui
» faire seulement sentir jus-
» qu'où peut être porté le mé-
» rite sublime, sans laisser pres-
» que l'espérance de leur pou-
» voir trouver des successeurs ».
Mais pour passer à des témoignages encore plus directs,
le Pere de la Rue, qui avoit
connu particuliérement nos
deux Orateurs, qui les avoit
souvent entendus, nous fait assez sentir combien Bossuet l'em-

 portoit sur Fléchier. « Le talent
» du premier, ce sont ses pa-
» roles, fut plus naturel, ac-
» compagné des graces exté-
» rieures, enrichi par une étude
» assidue, dont il n'eut pas be-
» soin de dérober aucun mo-
» ment pour la culture de sa
» mémoire. Car outre qu'il
» l'avoit très-aisée & très-
» fidelle, il ne daigna presque
» jamais lui confier ses Ser-
» mons, la réservant à de plus
» hautes & plus importantes
» confidences. Il ne laissa pas,
» sans ce secours, d'exceller
» dans toutes les parties de
» l'Orateur. Aussi sublime dans
» l'éloge, que touchant dans
» la morale, solide & précis
» dans l'instruction, insinuant
» dans la persuasion, juste &
» noble par-tout dans l'expres-
» sion. Ses éloges funébres en

» rendront long-temps témoi-
» gnage, & principalement
» ceux de la Reine d'Angle-
» terre, & de fa fille Ducheffe
» d'Orléans, tous deux rem-
» plis de ce beau feu de jeu-
» neffe, que l'on a vu encore
» éclater long-temps depuis,
» dans celui de la Princeffe Pa-
» latine, & dans tout ce qu'il
» a fait en ce genre là ».

Les meilleurs Orateurs de notre fiecle, pleins de l'efprit & des fentimens de leurs pré-déceffeurs, ont rendu à Boffuet la même juftice. « Il me femble, dit un Ecrivain célebre, M. Rollin, que l'Abbé Lenglet recon-noît pour un excellent Maître,
« Qu'on voit régner dans tous » les écrits de M. Fléchier une » forte de monotonie & d'uni-» formité. Prefque par – tout » mêmes tours, mêmes figures,

Traité des Etudes, tom. 1, p. 367, 368.

» mêmes manieres. L'antithefe
» faifit prefque toutes fes pen-
» fées, & fouvent les affoiblit
» en voulant les orner......
» M. Boffuet écrit d'une ma-
» niere toute différente. Peu
» occupé des graces légeres du
» difcours, & quelquefois né-
» gligeant les regles gênantes
» de la pureté du langage, il
» tend au grand, au fublime,
» au pathétique. Il eft vrai qu'il
» eft moins égal & fe foutient
» moins; & c'eft le caractere
» du ftyle fublime ; mais en
» récompenfe il enleve, il ra-
» vit, il tranfporte. Les figures
» les plus vives lui font ordi-
» naires & comme naturelles ».
M. Crévier, illuftre Difciple
du Maître refpectable que nous
venons de citer, n'eft pas plus
favorable aux prétentions de
l'Abbé Lenglet. « Boffuet,

» dit-il dans une de ſes Ha-
» rangues, dont l'Abbé Des-
» fontaines a traduit les mor-
» ceaux que nous rapportons,
» digne de l'immortalité, avoit
» orné de tant de connoiſ-
» ſances ſon eſprit naturelle-
» ment ſublime & élevé, qu'il
» paſſoit en même-temps pour
» le premier des Savans & le
» Prince des Orateurs. Quelle
» chaleur d'eſprit & de ſtyle
» non-ſeulement dans ſes Orai-
» ſons funébres, chefs-d'œuvre
» de ſublime, mais encore dans
» tous ſes Ouvrages ! Ne ſem-
» blent-ils pas reſpirer & ré-
» pandre ce feu produit par le
» cœur enflammé de l'Au-
» teur ? Partout & dans les
» choſes & dans les mots, ſe
» fait ſentir cette force & cette
» chaleur intime, qui ravit &
» enflamme le Lecteur ».

Obſerv. ſur les Ecrits modern. tom. XII, p. 78, & ſuiv.

Mais ce Critique judicieux nous donne de Fléchier une idée bien différente, sans toutefois méconnoître ses talens & ses avantages. Voici le portrait qu'il nous en fait. « De l'admi-
» ration & de l'amour, je passe
» souvent à l'indignation, lors-
» que je lis un Orateur d'un
» caractere bien différent, si
» recommandable par l'esprit,
» par la délicatesse, par l'ordre
» & par la clarté qu'on ne peut
» rien trouver de plus parfait
» en ce genre;... Orateur digne
» du sceptre de l'éloquence
» françoise, s'il avoit dispensé
» ses richesses avec plus d'éco-
» nomie, s'il avoit négligé cer-
» tains ornemens, s'il n'avoit
» pas énervé les matieres les
» plus importantes par le soin
» affecté de mesurer les syl-
» labes. Avec quelle noble har-

» dieſſe, s'élevant au - deſſus
» des choſes humaines , il
» s'adreſſoit à Dieu pour ado-
» rer dans la mort d'un grand
» homme & d'un grand Capi-
» taine, ſa main toute-puiſ-
» ſante, auſſi formidable pour
» les plus grands que pour la
» plus vile multitude ! Cepen-
» dant l'Orateur fait jouer l'an-
» titheſe dans un ſujet auſſi
» ſérieux & auſſi lugubre, &
» il a aſſez de loiſir pour ar-
» ranger ſes mots avec élé-
» gance ».

L'Abbé Desfontaines , bon juge dans cette matiere, con-firme la réflexion de M. Cré-vier : « C'eſt l'effet ordinaire *Ibid*, 76, » du ſtyle ingénieux, dit ce 77, 78. » Critique , d'annoncer un » Orateur tranquille, plus oc-» cupé des mots que des choſes, » & qui par conſéquent ne

» sauroit imprimer les mouve-
» mens dont il n'est point af-
» fecté ; ce qui est contraire
» aux principes de la saine élo-
» quence... La nature, ajoute-
» t-il, varie ses tons & les pro-
» portionne à toutes sortes de
» sujets : la langue n'est que
» l'interprête des passions. De
» là cette chaleur dans les Dis-
» cours, qui ne laisse jamais re-
» froidir l'Auditeur, qui le per-
» suade, qui le touche, & qui
» l'enlevant, pour ainsi dire,
» à lui-même, le plonge tout
» entier dans le sujet. Cette
» chaleur est l'ame non-seule-
» ment des pieces d'éloquence,
» mais encore de l'Histoire &
» des Ouvrages polémiques.
» C'est à ce sujet que M. Cré-
» vier nous a tracé le portrait
» de Bossuet ».

Le parallele que l'Abbé

Desfontaines fait lui – même
entre Boſſuet & Fléchier eſt
trop vrai, trop déciſif, pour
n'être pas ici rapporté. « Quoi-
» que M. Fléchier ſoit, dit-
» il, vraiment éloquent dans
» ſes Oraiſons funébres, quoi-
» qu'il y ſoit inſinuant, tou-
» chant & même ſublime quel-
» quefois, on y trouve cepen-
» dant une ſymmétrie de ſtyle
» trop étudiée, & qui eſt con-
» traire à la belle éloquence...
» M. Fléchier a trop ſouvent
» le compas & le niveau à la
» main. Il veut preſque tou-
» jours marcher ſur des fleurs,
» & il n'y marche qu'à pas
» comptés. M. Boſſuet, au
» contraire, ne fait preſque
» jamais uſage de l'antitheſe,
» dédaignant l'art, ne ſe livrant
» qu'à la nature, ſacrifiant
» l'exactitude & les agrémens

Obſerv. ſur les Ecrits modern. tom. XXI, pag. 230, 231.

» du langage à l'énergie & à
» la fublimité des penfées ».

L'Abbé Colin, dans la Préface de fon excellente Traduc-
tion du Traité de l'Orateur de
Cicéron, ne peut s'empêcher
de rendre hommage à la fupériorité de Boffuet, quand il le
compare à Fléchier. « Il n'y a
» pas tant d'élégance, nous dit-
» il, ni une fi grande pureté
» de langage dans M. Boffuet,
» que dans M. Fléchier; mais
» on y trouve une éloquence
» plus forte, plus mâle, plus
» nerveufe. Le ftyle de M. Flé-
» chier eft plus coulant, plus
» arrondi, plus uniforme: celui
» de M. de Meaux eft à la
» vérité moins égal , moins
» foutenu ; mais il eft plus
» rempli de ces grands fenti-
» mens, de ces traits hardis,
» de ces figures vives & frap-

» pantes qui caractérisent les
» Discours des Orateurs du
» premier ordre. M. Flechier
» est merveilleux dans le choix
» & l'arrangement des mots;
» mais on y entrevoit beaucoup
» de penchant pour l'antithese,
» qui est sa figure favorite.
» M. de Meaux plus occupé
» des choses que des mots, ne
» cherche point à répandre les
» fleurs dans son Discours, ni
» à charmer l'oreille par le
» son harmonieux des périodes;
» son unique objet est de rendre
» le vrai sensible à ses Audi-
» teurs. Dans cette vue, il le
» présente par tous les côtés
» qui peuvent le faire con-
» noître, & le faire aimer.
» Né pour le sublime, il en
» a exprimé toute la majesté
» & toute la force en plusieurs
» endroits de ses Oraisons, &

» fur-tout dans celles de Marie
» de France, Reine d'An-
» gleterre, & d'Henriette-
» Anne d'Angleterre, Du-
» cheffe d'Orléans ».

Mais fi nous voulions réunir ici tous les fuffrages qui décident en faveur de Boffuet, il nous faudroit former un volume : car quel eft le Critique équitable & judicieux qui ne fe foit fait gloire de réferver à Boffuet fa principale admiration ? Concluons donc ; & finiffant comme nous avons commencé, terminons cette chaîne d'autorités par un dernier témoignage puifé dans les Ecrivains contemporains de Boffuet. Ce fera celui des Auteurs du Journal des Sçavans, lefquels dans l'Eloge Hiftorique du Prélat, qu'ils publierent après fa mort, parlent ainfi de

ſes Oraiſons : « Les Oraiſons
» funébres qu'on a de lui, ſont
» autant de chefs-d'œuvres.
» Ce n'eſt pas à nous à dé-
» cider s'il a laiſſé derriere lui
» nos plus grands Maîtres dans
» ce genre. On trouvera peut-
» être dans quelqu'un de ſes
» concurrens une exactitude
» plus ſcrupuleuſe, quelque
» choſe de plus fini & de plus
» recherché ; mais l'art qui s'y
» fait par-tout ſentir, décele
» le travail de l'Orateur. Dans
» M. de Meaux, l'éloquence
» n'eſt pas un fruit de l'étude :
» tout eſt naturel en lui, &
» tout y eſt au-deſſus de l'art ;
» ou plutôt, de la ſublimité
» même de ſon génie & de
» ſes lumieres naît ſans effort
» & ſans recherche un art ſu-
» périeur à celui dont nous
» connoiſſons les foibles regles.

Journal du mois de Sept. 1704.

» De là ces tours nobles, ces
» grands traits, ces expreſſions
» vives & hardies, cette force,
» en un mot, à laquelle rien
» ne réſiſte. A cette mâle &
» vigoureuſe éloquence, il joi-
» gnoit l'avantage que lui don-
» noit une ſcience profonde;
» c'eſt d'être plein, ſolide,
» inſtructif. Il vouloit que la
» Religion fût connue, & ne
» gagnât le cœur qu'après avoir
» éclairé l'eſprit ».

Si l'Abbé Lenglet n'eût pas
cherché à ſe diſtinguer par une
façon de penſer qui lui fût
propre, il n'auroit eu qu'à
régler ſon jugement ſur celui
de tant de critiques recommandables. Mais des hommes
de ce caractere croiroient ſe
faire injure s'ils ſuivoient reſ-
pectueuſement les avis de ces
maîtres, auxquels les autres
ſe

ſe font honneur de déférer. Il leur faut des ſentimens à part qui puiſſent les ſingula-riſer & leur donner du relief; & c'eſt préciſément ce qui leur attire le ſouverain mépris qu'ils méritent.

Dès le temps où M. Boſſuet étoit Chanoine & grand Ar-chidiacre de Metz, il avoit déja commencé à s'exercer dans l'art des Oraiſons funébres; & déja en développant ſes talens, il annonçoit ce qu'on pouvoit attendre un jour de ſon rare génie. Il nous eſt reſté deux de ces premieres Oraiſons, qui ſont aſſez courtes, où l'on remarque de beaux traits, de la force & de la vivacité. L'une eſt celle d'une Abbeſſe, l'autre celle d'un illuſtre militaire, & nous avons cru faire plaiſir au

Tome XVII. c

lecteur en les inférant dans ce recueil ; parce qu'on aime à poſſéder les premieres productions des grands maîtres, & pouvoir conſidérer les progrès de leur génie & de leurs connoiſſances. Les Lettres à Madame de Beringhen, Abbeſſe de Farmoutiers, qui ſe trouvent dans le douzieme Volume de la nouvelle Collection *in-*4°. des Œuvres de Boſſuet, nous apprennent auſſi que ce Prélat s'étoit engagé en 1685 à prêcher l'Oraiſon funébre de ſa tante, également Abbeſſe de cette Maiſon, & qu'il a dû s'acquitter de ſa promeſſe ; mais nous n'avons trouvé aucune trace de cette piece. Boſſuet, ſi habitué à parler, ſi rempli des vérités céleſtes, n'aura pas eu beſoin d'écrire pour pro-

noncer un Difcours en l'honneur
de la défunte.

Nous n'entreprendrons pas
de faire ici l'énumération de
toutes les Editions des Oraifons
funébres de M. de Meaux :
le détail en feroit infini &
prefque impoffible. Nous dirons
feulement que les deux principales font celles qui ont été
faites fous les yeux de cet illuftre Prélat. La premiere
parut *in - 4°.* & fucceffivement, à mefure qu'il prêchoit
fes différentes Oraifons. Cette
Edition, magnifique & accompagnée de belles vignettes, fut
publiée par Sébaftien Marbre-
Cramoify, Imprimeur de la plupart des Œuvres de ce grand
homme. Boffuet, qui ne ceffoit
de travailler à la perfection
de fes Ouvrages, revit dans

la suite ses Oraisons, y fit des corrections importantes ; & ainsi retouchées, elles furent toutes réunies pour la premiere fois dans un volume *in*-12, imprimé chez Dezallier en 1689. Cette Edition a dû servir de modele à toutes celles qui ont été données depuis, & nous l'avons exactement suivie dans la nôtre. Pour l'instruction du Lecteur, & pour nous conformer au plan exécuté dans les dernieres Editions *in*-12, nous avons mis à la tête de chaque Oraison un abrégé historique de la vie des illustres défunts qui en font l'objet. Les faits n'étant souvent qu'indiqués dans ces Discours, on aime à les trouver un peu plus détaillés, pour une plus grande intelligence du texte. Nous avons profité, fur les Oraifons déja imprimées, du travail de M. l'Abbé Lequeux qui a donné l'*in*-12; mais en y faifant tous les changemens & additions qui nous ont paru néceffaires.

TABLE des Oraiſons Funébres contenues dans le XVIIme Volume.

Fin de la Table.

HISTOIRE

HISTOIRE ABRÉGÉE

DE MESSIRE

MICHEL LE TELLIER,

CHANCELIER DE FRANCE.

MICHEL LE TELLIER étoit fils de Michel, Seigneur de Châville près Meudon, Conseiller en la Cour des Aides, & de Claude Chauvelin son épouse. Il naquit le 19 Avril 1603. Quoique nous n'ayons pas de détail sur sa jeunesse & son éducation, on peut cependant juger par l'habileté avec laquelle il exerça de très-bonne heure différentes charges, des soins qu'on avoit pris pour le former, & du succès de ses premieres études.

Dès qu'il fut capable d'embrasser un état, il se détermina pour la robe : la maniere pleine de fageffe & d'équité, dont il défendit, contre des prétentions illégitimes, les droits de la fucceffion de M. fon Pere, qu'il avoit perdu quelques années auparavant, fit connoître ce qu'on devoit attendre de lui dans la fuite. Il n'avoit encore que vingt-un ans, lorfqu'il fut pourvu d'une charge de Confeiller au Grand Confeil. Son mérite lui tint lieu de l'âge prefcrit par les Ordonnances ; & il foutint l'idée qu'on avoit de lui par une intégrité & une application au travail qui lui donnerent beaucoup de célébrité. En 1631, il quitta cette charge, pour exercer celle de Procureur du Roi au Châtelet, dont il remplit, pendant environ fept ans, les fonctions avec une capacité fupérieure & une eftime générale. Ces différens emplois manifefterent de plus en plus les grands talens de M. le Tellier, qui fut fait Maître des Requêtes, & nommé par Louis XIII, en 1639, pour accompagner à Rouen M. le Chancelier Séguier & M. Talon, Confeiller d'État ; afin d'examiner avec eux les procédures faites contre les féditieux de Normandie.

M. le Tellier époufa, vers le même temps, Mademoifelle Elifabeth Turpin, fille de Jean Turpin, Seigneur de Vauvredon & Confeiller d'Etat, dont il eut trois enfans, François-Michel le Tellier, Marquis de Louvois, fi célebre dans le miniftere de Louis XIV; Charles-Maurice le Tellier, mort Archevêque de Reims; & Madelaine-Fare le Tellier, premiere femme de Louis-Marie, Duc d'Aumont. Dès que ces enfans furent en âge de profiter de fes foins paternels, M. le Tellier s'appliqua à leur donner une éducation digne des grands emplois auxquels la Providence fembloit les deftiner. Quoiqu'il eût confié les deux premiers à un Eccléfiaftique, qu'il croyoit digne de toute fa confiance, il ne laiffoit pas de veiller fur leurs études & fur leur conduite, autant que fes grandes occupations le lui permettoient : il fe faifoit rendre compte de leurs progrès, & les animoit par de fréquentes vifites, par les lettres qu'il leur écrivoit, & tout ce qui pouvoit les piquer d'émulation. Pour lui, que la simplicité & la gravité de ces mœurs antiques, dont on a tant de peine à trouver aujourd'hui quelques traces, & les autres vertus essentielles à un digne Magistrat, rendoient singuliérement recommandable, il ne se distinguoit que par la solidité de ses vues, & par son amour pour la justice.

La droiture & l'habileté qu'il montra dans l'affaire de Normandie, & les autres qui lui furent confiées, le firent choisir en 1640 pour Intendant de l'armée de Piémont. Il s'acquitta si dignement de cette importante commission, qu'en 1643 le Cardinal Mazarin crut devoir le proposer pour remplir la charge de Secrétaire d'Etat, vacante par la démission volontaire de M. des Noyers. M. le Tellier, après avoir obtenu l'agrément du Roi, entra en exercice de cette charge, dont il n'eut néanmoins le titre qu'après la mort de son prédécesseur.

Ministre fidele, il ne manqua pas d'occasions, sous la régence de la

Reine Anne d'Autriche, & pendant la minorité de Louis XIV, de signaler son zèle pour le bien de l'Etat. Les esprits étoient alors dans une si grande fermentation, qu'il falloit chaque jour chercher de nouveaux moyens, pour arrêter les progrès d'un incendie qui menaçoit de tout embraser. Jamais la Monarchie ne s'étoit trouvée dans une crise aussi violente ; & l'on eût dit que lassée de son existence, elle eût conspiré sa ruine : ou bien que succombant sous le poids de sa propre grandeur, elle alloit être renversée par le dernier effort qu'elle faisoit pour se soutenir. M. le Tellier, dans des circonstances si critiques, soutint toujours l'autorité royale avec autant de prudence que de fermeté. Les affaires les plus difficiles & les plus délicates passerent par ses mains, & il les traita avec cette sagesse & cette supériorité de génie qui caractérisent les grands hommes. Il eut la principale part au traité de Ruel, qui parut d'abord ramener le calme. Mais le feu des dissentions s'étant bientôt rallumé avec une nouvelle force, la **Reine** Régente & le Cardinal Mazarin lui donnerent toute leur confiance pour travailler au rétablissement de la paix.

La pureté de ses vues, & sa fidélité inviolable ne le mirent cependant pas à l'abri de la jalousie des perturbateurs du repos public. Par un étourdissement inconcevable, tous les efforts des factieux étoient dirigés contre l'autorité Royale, sans qu'ils voulussent le voir ni s'en laisser persuader. Aussi ne pouvoient-ils souffrir patiemment auprès du trône un Ministre qui en étoit, pour ainsi dire, le plus ferme appui. Mais malgré les avis secrets que M. le Tellier reçut plus d'une fois des desseins violens que les rebelles formoient contre lui, il demeura toujours inébranlable dans son devoir, au péril même de sa vie. M. le Cardinal Mazarin ayant été obligé, en 1651, de céder à l'orage & de s'éloigner de la Cour, M. le Tellier qui s'apperçut que ses services, dans un si grand bouleversement, ne pouvoient plus être utiles, crut devoir, pour le bien de la paix, déférer aux defirs des féditieux qui fouhaitoient fon éloignement. « A Dieu ne plaife, » difoit-il, que de Miniftre que je » fuis, je devienne une pierre d'a- » choppement pour les fujets du » Roi que je veux fervir. Je me » retirerai volontiers, fi c'est à ce » prix qu'il faut acheter la concorde » & la tranquillité de l'Etat ». Il demanda donc la permiffion de s'exiler lui-même, & de fe renfermer dans fa folitude de Châville, où il emporta avec lui la fatisfaction d'avoir toujours travaillé à procurer le bien public, & un defir fincere d'y confacrer tous fes foins, dès qu'il pourroit le faire librement. Mais bientôt la Reine Régente, qui n'avoit elle-même cédé qu'à la néceffité des affaires, impatiente de fe voir privée de fes plus fideles Miniftres, rappella M. le Tellier, avant même le retour du Cardinal. Mazarin ayant quitté une feconde fois la Cour, & étant même forti du Royaume, pour ôter tout prétexte aux mécontens, tout le poids du miniftere tomba prefque entiérement fur

M. le Tellier, qui demeura auprès de la Régente & du jeune Roi. Sa sagesse & sa modération contribuerent beaucoup à la pacification des troubles, & à l'affermissement de l'autorité souveraine, qui, pendant cette horrible tempête, avoit souffert un si funeste ébranlement.

Le Roi étant enfin rentré dans Paris, & le Cardinal Mazarin revenu à la Cour avec plus de crédit que jamais, M. le Tellier, pour récompense de ses services, fut revêtu de la charge de Trésorier des Ordres du Roi; & l'an 1654 il fut envoyé à Péronne avec un pouvoir absolu de signer, au nom de Sa Majesté, tous les ordres nécessaires, pour empêcher que cette place importante ne tombât entre les mains des ennemis.

Cette même année 1654, M. le Tellier obtint pour le Marquis de Louvois, son fils aîné, la survivance de sa charge de Secrétaire d'Etat; grace qui étoit alors fort singuliere, vû l'étendue des fonctions attachées à cette place. Des yeux mal disposés n'appercevroient sans doute dans cette conduite de M. le Tellier, qu'une ambition démesurée, ou qu'un desir au moins trop précipité d'avancer sa famille. On va néanmoins voir que ce respectable pere étoit toujours animé des mêmes sentimens, & que le service du Roi & de l'Etat tenoient le premier rang dans son affection. Il s'appliqua d'abord à donner lui-même à son fils toutes les leçons qui lui étoient néceffaires, pour remplir dignement une place auffi importante. Et afin de lui procurer des lumieres proportionnées aux grandes affaires qu'il auroit à traiter, il mit auprès de lui des personnes habiles, capables de lui fournir des notions juftes sur le droit public & privé : en un mot il n'oublia rien pour inftruire parfaitement un fils qu'il défiroit voir succéder à son zèle & à ses travaux pour le bien du Royaume. La fuite juftifia la fincérité de ces difpofitions patriotiques : car il témoigna être prêt à facrifier la fortune de ce fils, dès qu'il eut lieu de craindre que son avantage perfonnel ne devînt préjudiciable à la caufe publique. Nous avons trouvé

sur ce sujet une anecdote très-inté-
reſſante dans des Mémoires pour
ſervir à l'hiſtoire du Marquis de
Louvois , imprimés à Amſterdam
en 1740. Elle fait trop d'honneur
à la probité & à la fidélité de M. le
Tellier , pour ne pas l'inſérer ici :
nous nous contentons d'en abréger
le récit.

Dans les premiers commencemens,
M. de Louvois donna à M. ſon
pere beaucoup de ſatisfaction par
ſon aſſiduité à remplir les devoirs
de ſa charge. Mais les paſſions & le
goût des plaiſirs ayant bientôt
pris le deſſus dans le cœur du
jeune Marquis , M. le Tellier perdit preſque toutes les eſpérances
qu'il avoit conçues de ſa bonne conduite. Il fit néanmoins toutes ſortes
d'eſſais pour le retirer de la diſſi-
pation des plaiſirs , & le forcer,
pour ainſi dire, de s'appliquer à ſes
fonctions. Pluſieurs années ſe paſſe-
rent dans une eſpece de combat continuel entre le pere & le fils. Enfin
après avoir tout tenté, ſans avoir
pu engager ſon fils à changer de
vie; ſoit feinte, ſoit vérité , il prit

le parti de le deſtituer de ſa charge.
Pour le faire avec moins d'éclat,
M. le Tellier attendit un voyage de
Fontainebleau. Il y manda le Chevalier de la Hilliere, Gouverneur
de Thionville, intime ami & con-
fident du Marquis de Louvois. Dès
qu'il fut arrivé, M. le Tellier l'ayant
conduit dans ſon cabinet, lui dit
obligeamment qu'étant parfaitement
perſuadé de ſon zèle, il l'avoit pré-
féré a ſes meilleurs amis & à ſes
plus proches, pour lui confier l'affaire
la plus importante que ſa famille
pût jamais avoir : qu'ayant juſqu'alors travaillé à l'élévation de
ſon fils aîné, & employé tous les
moyens imaginables pour l'obliger
d'exercer ſa charge, d'une maniere
qui répondît à ſon attente, il avoit
la douleur de voir tous ſes efforts
inutiles : que la reconnoiſſance qu'il
devoit au Roi pour les bienfaits
dont il l'avoit comblé, & le zèle
qu'il avoit toujours eu pour le bien
de l'Etat, ne lui permettoient pas
de laiſſer occuper ſa place par un
ſucceſſeur qui s'en rendoit de plus
en plus indigne : que ſa conſcience

& fon honneur étoient trop engagés pour qu'il pût le fouffrir ; qu'il s'étoit donc déterminé à lui ôter fa charge, & à fupplier le Roi d'en donner la furvivance à un autre fujet, fur les mœurs, l'efprit & la conduite duquel il comptoit avec une pleine affurance : qu'il ne s'agiffoit pas au refte de délibérer s'il devoit fe porter à faire ce changement ; que c'étoit une chofe abfolument réfolue après une mûre délibération : qu'il étoit uniquement queftion d'avifer à la maniere dont on exécuteroit ce projet : qu'il y avoit deux voies ; l'une d'agir directement auprès du Roi fans la participation de fon fils, pour faire révoquer fa furvivance, à caufe de fon incapacité & de fa mauvaife conduite ; l'autre, que fon fils lui-même témoignât en public le dégoût qu'il avoit pour cette charge, & qu'enfuite il fuppliât le Roi d'en agréer la démiffion : que la premiere voie le perdroit infailliblement dans l'efprit du Roi ; qu'au contraire en renonçant lui-même à fa furvivance, fon honneur feroit à couvert, & l'entrée à quelque autre emploi ne

lui feroit pas entièrement fermée.
M. le Tellier ajouta au Chevalier,
que ne connoissant personne en qui
il pût prendre plus de confiance
qu'en lui, ni qui eût plus de crédit
sur l'esprit de son fils, il le prioit
de l'engager à prendre au plutôt
l'une de ces deux voies; qu'il ne
lui donnoit que huit jours pour se
déterminer, & lui rendre une ré-
ponse positive; parce qu'il vouloit
profiter du séjour de la Cour à
Fontainebleau, pour obtenir du Roi
la survivance en faveur de celui qu'il
destinoit pour être son successeur,
& l'installer avec moins d'éclat dans
sa charge : qu'au reste il étoit nécessaire que cette affaire ne se traitât
qu'entre eux trois, pour éviter
les inconvéniens qu'il y auroit à
craindre, si la chose étoit divul-
guée.

Le Chevalier, véritablement attaché à M. le Tellier, ne put s'empêcher de condamner une pareille
résolution, qui alloit à détruire l'é-
tablissement de son fils, & porter le
dernier coup à sa Maison. M. le
Tellier l'interrompit, & le fit sou-

venir qu'il ne s'agissoit pas de raisonner sur son dessein qui étoit fixe & immuable ; qu'au reste il n'y avoit pas un moment à perdre ; & que si son fils différoit de remettre au Roi sa démission, il étoit déterminé à l'y forcer sans autres égards que ceux qu'il devoit au service du Roi & de l'Etat.

Le Chevalier n'insista que pour demander un plus long délai sur une affaire d'une si grande importance : il obtint la quinzaine entiere avec peine ; & pour ne pas perdre des momens si précieux, il joignit à l'instant le Marquis de Louvois, qu'il trouva au milieu de plusieurs jeunes gens le long du grand canal. Il lui raconta à l'écart ce qui venoit de se passer entre M. le Tellier & lui ; lui annonça la résolution prise de le déposséder de sa charge ; les deux voies que l'on proposoit pour exécuter ce dessein, & le terme fatal que son pere lui donnoit pour se déterminer.

Le jeune homme fut frappé jusqu'au fond de l'ame d'une proposition si inopinée : mais la pensée qu'un autre alloit bientôt occuper sa place, & qu'il ne lui restoit plus d'espoir de fléchir son pere trop justement irrité, lui fit sur-tout une grande impression. Le Chevalier, vivement touché lui-même, profita de cette disposition favorable, pour rappeller le Marquis au travail, & l'obliger à faire absolument divorce avec tous ceux qui pouvoient l'en détourner. Après lui avoir dit qu'il ne falloit point compter sur les prieres ni sur les sollicitations de ses amis, ou de ses proches, puisque M. le Tellier marquoit assez qu'il étoit inexorable ; il ajouta qu'il lui venoit dans l'idée un moyen contre lequel il ne croyoit pas que la colere de M. le Tellier pût tenir ; & que cet expédient dépendoit uniquement du Marquis lui-même. « Vous devez, dit-il, vous souvenir » que j'ai obtenu de M. le Tellier » une quinzaine pour attendre votre » résolution. Vous pensez, comme » moi, que c'est uniquement le » dégoût que vous avez témoigné » pour votre charge qui produit » la révolution que nous voyons.

» A quoi tient-il que vous ne pro-
» fitiez si bien du délai que
» M. votre pere vous donne, qu'il
» puisse être convaincu de votre
» parfait changement ? Si vous
» voulez donc suivre mon conseil,
» vous partirez secrettement dès ce
» soir pour Paris, & vous y por-
» terez beaucup d'affaires pour les
» expédier pendant le séjour que
» vous y ferez. C'est de votre tra-
» vail & de la diligence avec la-
» quelle vous vous y prendrez,
» que dépend votre salut. Il n'est
» pas possible que votre pere s'a-
» charne à votre perte, quand vous
» ferez cesser les causes de son
» mécontentement : fuyez seule-
» ment cette jeunesse effrénée,
» source de vos malheurs, &
» attachez-vous à votre charge ».

Ce discours fit un effet admirable
sur l'esprit du jeune homme. Dès
le soir même il partit secrettement
pour Paris, avec un Commis chargé
de tant d'ouvrage, qu'il avoit presque épuisé le Bureau. Cinq jours
de retraite & d'un travail continuel produisirent une expédition

extraordinaire d'affaires. M. le Tellier feignoit de n'y pas prendre garde. Cependant son fils, de retour à Fontainebleau, observa la même conduite. Nulles visites inutiles, nulle interruption dans l'exercice de sa charge. Au bout du terme, le Chevalier de la Hilliere ayant demandé à M. le Tellier ce qu'il en pensoit; il répondit que l'ardeur toute nouvelle de ce jeune homme lui étoit fort suspecte, & qu'il n'y avoit que la persévérance qui pût lui faire connoître la sincérité de son changement, & remettre les choses dans leur ordre naturel. Cependant il accorda encore quelques délais à l'exécution de son deffein : délais qui ne furent point infructueux ; puisque, depuis cette époque, le Marquis de Louvois n'a cessé jusqu'à sa mort de se livrer au travail avec une application incroyable , sans retour vers les plaisirs & la liberté auxquels il avoit une si violente attache. Enfin M. le Tellier rendit à son fils toute son amitié ; & le Marquis, par son zèle & sa fidélité, mérita, comme on sait, toute la confiance de Louis XIV.

Pendant cette fâcheuse crise. M. le Tellier n'avoit été que plus assidu à remplir ses propres devoirs, & à profiter, pour le service du Roi & de l'Etat, de l'estime universelle qu'il s'étoit acquise. Lorsque le Cardinal Mazarin partit en 1659, pour se rendre au lieu où la paix avec l'Espagne, & le mariage du Roi avec l'Infante devoient se conclure ; il laissa M. le Tellier auprès du Roi, pour dresser les dépêches & les instructions qu'il attendoit de Sa Majesté ; & pendant la durée de cette importante négociation, ce fut à M. le Tellier que le Cardinal adressa les relations de ses conférences avec le Ministre d'Espagne.

Le Cardinal étant mort peu de temps après la conclusion de cette paix si intéressante pour les deux Royaumes, Louis XIV, qui se mit à la tête des affaires, ne cessa de témoigner beaucoup de confiance à M. le Tellier, qui exerça la charge de Secrétaire d'Etat jusqu'en 1666, où il en remit, avec l'agrément de Sa Majesté, le titre entre les mains de M. de Louvois, qui en avoit la survivance depuis plus de dix ans. Le Roi conserva à M. le Tellier la qualité de Ministre avec les fonctions & les honneurs qui y sont attachés, & il continua d'assister aux Conseils, où ses lumieres & son discernement étoient d'un grand secours.

On eut alors un nouveau sujet d'admirer la sagesse & la modération de M. le Tellier. Bien éloigné de la foiblesse de certains peres, jaloux de la réputation de leurs enfans, il se sépara d'avec son fils; & retiré au Marais à Paris, il prit toutes sortes de précautions, pour ne pas diminuer, par sa présence, l'honneur que M. de Louvois acquéroit chaque jour. Il se faisoit même gloire de publier dans l'occasion que son fils le surpassoit en capacité, & qu'il avoit une joie extrême que Sa Majesté pût être beaucoup mieux servie à l'avenir qu'elle ne l'avoit été jusque-là. La maniere dont il s'exprimoit à ce sujet, montroit tant de sincérité, qu'on ne pouvoit douter que ce témoignage ne partît plutôt de la solidité de son jugement & de la pureté de son zèle pour le Roi, que des sentimens de la tendresse paternelle.

Louis XIV lui avoit souvent donné des marques d'une estime & d'une affection très-distinguées. Ce fidele Ministre avoit reçu de la bouche du Roi ce bel éloge, « Que » jamais homme n'avoit été de » meilleur conseil sur toutes sortes » d'affaires ». Aussi Sa Majesté, dans les vicissitudes qu'éprouva la santé de M. le Tellier, ne put s'empêcher de faire paroître son inquiétude & la crainte qu'elle avoit de le perdre. Enfin, à toutes les bontés dont elle l'avoit comblé, elle ajouta encore une nouvelle preuve de son estime & de sa confiance, en l'élevant après la mort de M. d'Aligre, en 1677, à la dignité de Chancelier & de Garde des Sceaux de France. M. le Tellier avoit alors soixante-quatorze ans : ce qui lui fit dire agréablement au Roi, en le remerciant, « Qu'il honoroit » sa famille & couronnoit son tom- » beau ». Son grand âge néanmoins ne diminua rien de sa premiere vigueur, & n'empêcha pas qu'il n'apportât, dans une place si émi- nente, toute l'application qu'elle de- mandoit. Il sembla au contraire re- prendre de nouvelles forces, pour remplir dignement des fonctions si multipliées & d'une si grande impor- tance. On étoit étonné en voyant avec quelle activité & quelle pré- sence d'esprit il expédioit les affaires & vaquoit à tout. Il avoit tant à cœur de s'acquitter exactement de toutes ses obligations, qu'il recom- manda souvent à sa famille & à ses amis de ne point manquer de l'avertir, dès qu'ils appercevroient en lui le moindre affoiblissement de tête ; afin que ses infirmités ne devinssent pas préjudiciables au bien public. Dieu voulut lui épargner cette espece d'humiliation. Le res- pectable vieillard conserva jusqu'à la mort une netteté d'efprit merveilleufe, & une folidité de jugement peu commune. Auffi fe trouva-t-il en état de faire beaucoup de réglemens pleins de lumieres pour l'adminiftration de la Juftice, & de procurer plufieurs Ordonnances très-fages.

Une vie fi bien remplie n'étoit pas dans M. le Tellier le fruit d'une Philofophie auftere & cauftique ; mais elle avoit pour principe un fonds intime de religion, qui le rendit toujours fenfible à la gloire de Dieu & aux véritables intérêts de l'Eglife. C'eft ce zèle vraiment chrétien, qui dans plufieurs circonftances lui fit difcerner avec juftefle, & fuivre avec fidélité les regles que la loi de fon Dieu lui prefcrivoit. S'il étoit poffible d'entrer dans le détail de toutes les grandes affaires qui ont occupé l'Eglife pendant le miniftere de M. le Tellier, & auxquelles il a eu beaucoup de part, on remarqueroit, avec une extrême fatisfaction, combien il aimoit fincérement la la Religion , & combien , dans tous ſes beſoins , on le trouvoit, pour l'ordinaire, diſpoſé à la ſervir. En 1668 , ſous le pontificat de Clément IX, il fut l'ame des négociations les plus délicates , qui demandoient une grande dextérité & la probité la mieux éprouvée : il ne négligea rien pour les faire réuſſir , & il employa avec beaucoup de ſoin ſon crédit & ſes bons offices à pacifier les troubles qui agitoient depuis long-temps l'Egliſe de France. Dans l'affaire de la Régale, il ne tint pas à lui qu'on ne laiſsât mourir en paix les ſaints Evêques d'Alet & de Pamiers; & ſi on l'eût écouté, on ſe fût épargné bien des injuſtices& des vexations. La publication des quatre célebres articles du Clergé de France en 1682, fut, en très-grande partie, ſon ouvrage, & doit être regardée comme un des plus glorieux monumens de ſon zèle pour le maintien de la doctrine de l'Egliſe & de l'autorité royale. Enfin l'on peut dire, ſans exagération; que c'eſt à la ſageſſe de ce Miniſtre, & à ſon expérience confommée dans les affaires, que l'on eft principalement redevable de ce qui s'eft fait de fon temps à l'avantage de la Religion.

Vivement touché des maux que l'héréfie avoit caufés à la France, il mit en œuvre tous les moyens qui fe préfenterent pour affermir la foi catholique. La révolution de l'Edit de Nantes l'occupa férieufement, & lui parut un événement digne de toute fon application. Jaloux de voir l'Eglife vengée des attentats de fes ennemis, il fcella avec une joie marquée la Déclaration qui abrégeoit cet Edit funefte, témoignant fortir du monde plein de confolation, après avoir reçu l'accompliffement de fes vœux.

M. le Tellier éprouvoit depuis quelque temps les atteintes de la maladie qui devoit le conduire au tombeau, & il attendoit la mort avec une foi admirable. M. Boffuet, qui fut témoin des fentimens chrétiens de ce grand homme, fait remarquer qu'une fi ferme conftance dans ce vénérable vieillard ne pouvoit être l'effet que d'une pré-

paration

paration de toute la vie. Il reçut les derniers Sacremens avec la piété & la paix d'une ame qui a mis son trésor dans le ciel, & qui ne tient plus à la terre. Sa conscience lui permet de déclarer hautement, « Que depuis quarante-deux ans » qu'il servoit le Roi, il avoit la » consolation de ne lui avoir ja- » mais donné de conseils que selon » sa conscience; &, dans un si long » ministere, de n'avoir jamais souf- » fert une injustice qu'il pût em- » pêcher ». Entiérement appliqué à rompre les liens qui l'attachoient encore au monde, il crut devoir se faire une derniere violence pour se séparer de ce qu'il avoit de plus cher. Dans cette vue il invita sa tendre épouse à s'éloigner : « Je veux, » dit-il, m'arracher jusqu'aux moin- » dres vestiges de l'humanité ». Le desir de voir Dieu, & l'espérance de chanter éternellement ses misé- ricordes l'occupoient uniquement. Il expira dans ces édifiantes disposi- tions le 20 Octobre 1685, âgé de 83 ans, regretté de son Prince, de toute la France & des étrangers même. Il fut enterré à Saint-Gervais sa paroisse, où M. Bossuet prononça son Oraison funébre.

ORAISON FUNÉBRE

DE MESSIRE

MICHEL LE TELLIER,

CHANCELIER DE FRANCE,

Prononcée le 25 Janvier 1606.

Toutes les qualités d'un grand Magistrat, admirées en lui dès sa jeunesse. Conduite pleine de prudence, de courage & de désintéressement qu'il tint au milieu des fureurs des guerres civiles. Dans quelles dispositions il reçut la charge de Chancelier, & avec quelle douceur, quel zèle, quelle dignité il s'en acquitta. De quel œil il vit la mort approcher, & comment il se disposa à sortir de ce monde.

B ij

Poffide fapientiam , acquire prudentiam , arripe illam , & exaltabit te ; glorificaberis ab ea, cùm eam fueris amplexatus.

Poffédez la fageffe , & acquérez la prudence : fi vous la cherchez avec ardeur , elle vous élevera ; & vous remplira de gloire , quand vous l'aurez embraffée. Prov. IV , 7 & 8.

Messeigneurs, (a)

En louant l'homme incomparable dont cette illuftre affemblée célebre les funérailles & honore les vertus, je louerai la fageffe même : & la fageffe que je dois louer dans ce Difcours, n'eft pas celle qui éleve les hommes & qui agrandit les Maifons, ni celle qui gouverne les Empires, qui regle la paix & la guerre, & enfin qui dicte les loix, & qui difpenfe les graces. Car encore que ce grand Miniftre, choifi par la divine Providence pour pré-fider aux confeils du plus fage de tous les Rois, ait été le digne inf-trument des deffeins les mieux con-

----

(a) A Meffeigneurs les Evêques qui étoient préfens en habit.

certés que l'Europe ait jamais vus ; encore que la sagesse, après l'avoir gouverné dès son enfance, l'ait porté aux plus grands honneurs & au comble des félicités humaines : sa fin nous a fait paroître que ce n'étoit pas pour ces avantages qu'il en écoutoit les conseils. Ce que nous lui avons vû quitter sans peine, n'étoit pas l'objet de son amour.

Il a connu la sagesse que le monde ne connoît pas, cette (*a*) « Sagesse qui vient d'en-haut, qui » descend du Pere des lumieres », & qui fait marcher les hommes dans les sentiers de la justice. C'est elle dont la prévoyance s'étend aux siecles futurs, & enferme dans ses desseins l'éternité toute entiere. Touché de ses immortels & invisibles attraits, il l'a recherchée avec ardeur selon le précepte du Sage. (*b*)

____

(*a*) Sapientia defursùm defcendens. *Jac. III,* 15.

(*b*) Exaltabit te (fapientia) : glorificaberis ab ea, cùm eam fueris amplexatus. *Proverb. IV*, 8.

« La fageſſe vous élevera, dit
» Salomon, & vous donnera de la
» gloire, quand vous l'aurez em-
» braſſée ». Mais ce ſera une gloire
que le ſens humain ne peut com-
prendre. Comme ce ſage & puiſſant
Miniſtre aſpiroit à cette gloire, il
l'a préférée à celle dont il ſe voyoit
environné ſur la terre : c'eſt pourquoi ſa modération l'a toujours
mis au - deſſus de ſa fortune.

Incapable d'être ébloui des grandeurs humaines; comme il y paroît ſans oſtentation, il y eſt vu
ſans envie : & nous remarquons
dans ſa conduite ces trois caracteres
de la véritable ſageſſe ; qu'élevé
ſans empreſſement aux premiers
honneurs, il y a vécu auſſi mo-
deſte que grand ; que dans ſes
importans emplois, ſoit qu'il nous
paroiſſe, comme Chancelier, chargé
de la principale adminiſtration de la
Juſtice, ou que nous le conſidé-
rions dans les autres occupations
d'un long miniſtere ; ſupérieur à ſes
intérêts, il n'a regardé que le bien
public; qu'enfin dans une heureuſe
vieilleſſe, prêt à rendre, avec ſa

grande ame, le facré dépôt de
l'autorité, fi bien confié à fes foins,
il a vu difparoître toute fa grandeur
avec fa vie, fans qu'il lui en ait
couté un feul foupir : tant il avoit
mis en lieu haut & inacceffible à
la mort fon cœur & fes efpérances.
De forte qu'il nous paroît, felon la
promeffe du Sage, dans une gloire
immortelle, pour s'être foumis aux
loix de la véritable fageffe, & pour
avoir fait céder à la modeftie l'éclat
ambitieux des grandeurs humaines,
l'intérêt particulier à l'amour du
bien public, & la vie même au
defir des biens éternels. C'eft la
gloire qu'a remportée TRÈS-HAUT
ET PUISSANT SEIGNEUR MESSIRE
MICHEL LE TELLIER, CHEVALIER,
CHANCELIER DE FRANCE.

LE grand Cardinal de Richelieu
achevoit fon glorieux miniftere, &
finiffoit tout enfemble une vie
pleine de merveilles. Sous fa ferme
& prévoyante conduite, la puiffance d'Autriche ceffoit d'être re-
doutée; & la France, fortie enfin

des guerres civiles, commençoit à donner le branle aux affaires de l'Europe. On avoit une attention particuliere à celles d'Italie ; &, sans parler des autres raisons, Louis XIII, de glorieuse & triomphante mémoire, devoit sa protection à la Duchesse de Savoie sa sœur, & à ses enfans. Jules Mazarin, dont le nom devoit être si grand dans notre histoire, employé par la Cour de Rome en diverses négociations, s'étoit donné à la France ; & propre par son génie & par ses correspondances à ménager les esprits de sa nation, il avoit fait prendre un cours si heureux aux conseils du Cardinal de Richelieu, que ce Ministre se crut obligé de l'élever à la pourpre. Par-là il sembla montrer son successeur à la France ; & le Cardinal Mazarin s'avançoit secrettement à la premiere place.

En ce temps, Michel le Tellier, encore Maître des Requêtes, étoit Intendant de Justice en Piémont. Mazarin, que ses négociations attiroient souvent à Turin, fut ravi d'y trouver un homme d'une si

grande capacité, & d'une conduite
si sûre dans les affaires : car les
ordres de la Cour obligeoient l'Ambassadeur à concerter toutes choses
avec l'Intendant, à qui la divine
Providence faisoit faire ce léger
apprentissage des affaires d'Etat. Il
ne falloit qu'en ouvrir l'entrée à
un génie si perçant, pour l'introduire bien avant dans les secrets
de la politique. Mais son esprit
modéré ne se perdoit pas dans ces
vastes pensées ; & renfermé, à
l'exemple de ses peres, dans les
modestes emplois de la robe, il
ne jettoit pas seulement les yeux
sur les engagemens éclatans, mais
périlleux, de la Cour. Ce n'est pas
qu'il ne parût toujours supérieur à
ses emplois.

Dès sa premiere jeunesse tout cédoit aux lumieres de son esprit,
aussi pénétrant & aussi net, qu'il
étoit grave & sérieux. Poussé par
ses amis, il avoit passé du grand
Conseil, sage Compagnie où sa réputation vit encore, à l'importante
charge de Procureur du Roi. Cette
grande Ville se souvient de l'avoir

vu, quoique jeune, avec toutes les qualités d'un grand Magiſtrat, oppoſé non-ſeulement aux brigues & aux partialités qui corrompent l'intégrité de la juſtice, & aux préventions qui en obſcurciſſent les lumieres; mais encore aux voies irrégulieres & extraordinaires, où elle perd avec ſa conſtance la véritable autorité de ſes jugemens. On y vit enfin tout l'eſprit & les maximes d'un juge, qui attaché à la regle, ne porte pas dans le tribunal ſes propres penſées, ni des adouciſſemens, ou des rigueurs arbitraires; & qui veut que les loix gouvernent, & non pas les hommes. Telle eſt l'idée qu'il avoit de la Magiſtrature. Il apporta ce même eſprit dans le Conſeil, où l'autorité du Prince, qu'on y exerce avec un pouvoir plus abſolu, ſemble ouvrir un champ plus libre à la juſtice; & toujours ſemblable à lui-même, il y ſuivit dès-lors la même regle qu'il y a établie depuis, quand il en a été le chef.

Et certainement, Meſſieurs, je puis dire avec confiance, que l'amour de la justice étoit comme né avec ce grave Magistrat, & qu'il croissoit avec lui dès son enfance. C'est aussi de cette heureuse naissance, que sa modestie se fit un rempart contre les louanges qu'on donnoit à son intégrité ; & l'amour qu'il avoit pour la justice ne lui parut pas mériter le nom de vertu, parce qu'il le portoit, disoit-il, en quelque maniere dans le sang. Mais Dieu, qui l'avoit prédestiné à être un exemple de justice dans un si beau regne, & dans la premiere charge d'un si grand Royaume, lui avoit fait regarder le devoir de juge où il étoit appellé, comme le moyen particulier qu'il lui donnoit pour accomplir l'œuvre de son salut. C'étoit la sainte pensée qu'il avoit toujours dans le cœur, c'étoit la belle parole qu'il avoit toujours à la bouche ; & par-là il faisoit assez connoître combien il avoit pris le goût véritable de la piété chrétienne. Saint Paul en a mis l'exercice, non pas dans ces pratiques particulieres que chacun se fait à son gré, plus attaché à ces loix qu'à celles de Dieu ; mais à fe fanctifier dans fon état, & « Chacun dans les » emplois de fa vocation »: *Unufquif-que in qua vocatione vocatus eft.* Mais fi, felon la doctrine de ce grand Apôtre, on trouve la fainteté dans les emplois les plus bas, & qu'un efclave s'éleve à la perfection dans le fervice d'un Maître mortel, pourvu qu'il y fache regarder l'ordre de Dieu : à quelle perfection l'ame chrétienne ne peut-elle pas afpirer dans l'augufte & faint miniftere de la Juftice; puifque, felon l'Ecriture, (*a*) « L'on y exerce le jugement, » non des hommes, mais du Sei-» gneur même »?

Ouvrez les yeux, Chrétiens ; contemplez ces auguftes tribunaux où la juftice rend fes oracles : vous y verrez avec David, (*b*) « Les » Dieu de la terre, qui meurent » à la vérité comme des hommes »;

I. Cor. *XII*, 20.

(*a*) Non enim hominis exercetis judicium, fed Domini. *II. Paral. XIX*, 6.

(*b*) Ego dixi : Dii eftis..... vos autem ficut homines moriemini. *Pf. LXXXI*, 6, 7.

mais qui cependant doivent juger comme des Dieux, sans crainte, sans passion, sans intérêts; « Le Dieu » des dieux » à leur tête comme le chante ce grand Roi d'un ton si sublime dans ce divin Pseaume : (*a*) « Dieu assiste, dit-il, à l'assemblée » des Dieux, & au milieu il juge » les Dieux ». O Juges, quelle Majesté de vos séances ! quel Président de vos assemblées ! mais aussi quel Censeur de vos jugemens ! Sous ces yeux redoutables notre sage Magistrat écoutoit également le riche & le pauvre; d'autant plus pur & d'autant plus ferme dans l'administration de la justice, que sans porter ses regards sur les hautes places dont tout le monde le jugeoit digne, il mettoit son élévation, comme son étude, à se rendre parfait dans son état.

Non, non; ne le croyez pas, que la justice habite jamais dans les ames où l'ambition domine. Toute ame

––––––––––––––––––––––––

(*a*) Deus stetit in synagoga Deorum : in medio autem Deos dijudicat. *Ibid.* 1.

inquiete & ambitieuſe eſt incapable de regle. L'ambition a fait trouver ces dangereux expédiens, où, ſemblable à un ſépulcre blanchi, un juge artificieux ne garde que les apparences de la juſtice. Ne parlons pas des corruptions qu'on a honte d'avoir à ſe reprocher : parlons de la lâcheté ou de la licence d'une juſtice arbitraire, qui ſans regle & ſans maxime ſe tourne au gré de l'ami puiſſant. Parlons de la complaiſance qui ne veut jamais ni trouver le fil, ni arrêter le progrès d'une procédure malicieuſe. Que dirai-je du dangereux artifice qui fait prononcer à la juſtice, comme autrefois aux démons, des oracles ambigus & captieux ? Que dirai-je des difficultés qu'on ſuſcite dans l'exécution, lorſqu'on n'a pu refuſer la juſtice à un droit trop clair ? « La loi eſt déchirée, comme diſoit » le Prophete, & le jugement n'ar- » rive jamais à ſa perfection » : *Non pervenit uſque ad finem judicium.* Lorſque le juge veut s'agrandir, & qu'il change, en une ſoupleſſe de cour ; le rigide & inexorable

Habac. I, 4.

ministere de la justice, il fait naufrage contre ces écueils. On ne voit dans ses jugemens qu'une justice imparfaite, semblable, je ne craindrai pas de le dire, à la justice de Pilate : justice qui fait semblant d'être vigoureuse, à cause qu'elle résiste aux tentations médiocres, & peut-être aux clameurs d'un peuple irrité ; mais qui tombe & disparoît tout-à-coup lorsqu'on allegue, sans ordre même & mal-à-propos, le nom de César. Que dis-je, le nom de César ? Ces ames, prostituées à l'ambition, ne se mettent pas à si haut prix : tout ce qui parle, tout ce qui approche, ou les gagne, ou les intimide ; & la Justice se retire d'avec elles. Que si elle s'est construit un sanctuaire éternel & incorruptible dans le cœur du sage Michel le Tellier, c'est que, libre des empressemens de l'ambition, il se voit élevé aux plus grandes places, non par ses propres efforts, mais par la douce impulsion d'un vent favorable : ou plutôt, comme l'événement l'a justifié, par un choix particulier de la divine Providence.

Le Cardinal de Richelieu étoit mort peu regretté de son Maître, qui craignit de lui devoir trop. Le gouvernement passé fut odieux. Ainsi de tous les Ministres, le Cardinal Mazarin, plus nécessaire & plus important, fut le seul dont le crédit se soutint; & le Secrétaire d'Etat, chargé des ordres de la guerre, ou rebuté d'un traitement qui ne répondoit pas à son attente, ou déçu par la douceur apparente du repos qu'il crut trouver dans la solitude, ou flatté d'une secrete espérance de se voir plus avantageusement rappellé par la nécessité de ses services, ou agité de ces je ne sais quelles inquiétudes, dont les hommes ne savent pas se rendre raison à eux-mêmes, se résolut tout-à-coup à quitter cette grande charge. Le temps étoit arrivé que notre sage Ministre devoit être montré a son Prince & à sa patrie. Son mérite le fit chercher à Turin, sans qu'il y pensât. Le Cardinal Mazarin, plus heureux, comme vous verrez, de l'avoir trouvé, qu'il ne le conçut alors, rappella au Roi ses agréables services ; & le rapide moment d'une conjoncture imprévue, loin de donner lieu aux sollicitations, n'en laissa pas même aux desirs. Louis XIII rendit au ciel son ame juste & pieuse; & il parut que notre Ministre étoit réservé au Roi son fils.

Tel étoit l'ordre de la Providence, & je vois ici quelque chose de ce qu'on lit dans Isaïe. La sentence partit d'en-haut, & il fut dit à Sobna, chargé d'un ministere principal : « Je t'ôterai de ton poste, » & je te déposerai de ton ministere » : *Expellam te de statione tua, & de mi-* *nisterio tuo deponam te* (a) : « En ce » temps, j'appellerai mon serviteur » Eliakim, ... & je le revêtirai de » ta puissance ». Mais un plus grand honneur lui est destiné : le temps

Isaï XXII, 19

(a) Et erit in die illa : vocabo servum meum Eliacim filium Helciæ, & induam illum tunicâ tuâ.... & potestatem tuam dabo in manu ejus. *Is. XXII*, 20, 1.

viendra que par l'administration de la justice, « Il sera le pere des ha-» bitans de Jérusalem & de la maison » de Juda », *Erit pater habitantibus Jerusalem.* (*a*) « La clef de la maison » de David ; c'est-à-dire : de la » maison régnante, sera attachée à » ses épaules; il ouvrira, & per-» sonne ne pourra fermer ; il fer-» mera, & personne ne pourra » ouvrir » : il aura la souveraine dispensation de la justice & des graces.

Parmi ces glorieux emplois, notre Ministre a fait voir à toute la France que sa modération, durant quarante ans, étoit le fruit d'une sagesse consommée. Dans les fortunes médiocres, l'ambition, encore tremblante, se tient si cachée, qu'à peine se connoît-elle elle-même. Lorsqu'on se voit tout-d'un-coup élevé aux places les plus importantes, & que je ne sais quoi nous dit dans

____

(*a*) Et dabo clavem domûs David super humerum ejus, & aperiet, & non erit qui claudat ; & claudet, & non erit qui aperiat. *Is. XXII* 21, 22.

le cœur qu'on mérite d'autant plus
de si grands honneurs, qu'ils font
venus à nous comme d'eux-mêmes;
on ne se possede plus : & si vous
me permettez de vous dire une
pensée de saint Chrysostôme, c'est
aux hommes vulgaires un trop
grand effort, que celui de se refuser
à cette éclatante beauté qui se
donne à eux. Mais notre sage Ministre ne s'y laissa pas emporter.
Quel autre parut d'abord plus capable des grandes affaires? Qui connoissoit mieux les hommes & les
temps? Qui prévoyoit de plus loin,
& qui donnoit des moyens plus
sûrs pour éviter les inconvéniens,
dont les grandes entreprises font en-
vironnées? Mais dans une si haute
capacité & dans une si belle réputation, qui jamais a remarqué, ou
sur son visage un air dédaigneux,
ou la moindre vanité dans ses paroles? Toujours libre dans la con-
versation, toujours grave dans les
affaires, & toujours aussi modéré
que fort & insinuant dans ses discours, il prenoit sur les esprits un
ascendant que la seule raison lui

donnoit. On voyoit & dans sa maison & dans sa conduite, avec des mœurs sans reproches, tout également éloigné des extrémités, tout enfin mesuré par la sagesse.

S'il sut soutenir le poids des affaires, il sut aussi les quitter, & reprendre son premier repos. Poussé par la cabale, Châville le vit tranquille, durant plusieurs mois, au milieu de l'agitation de toute la France. La Cour le rappelle en vain : il persiste dans sa paisible retraite, tant que l'état des affaires le put souffrir, encore qu'il n'ignorât pas ce qu'on machinoit contre lui durant son absence ; & il ne parut pas moins grand en demeurant sans action, qu'il l'avoit paru en se soutenant au milieu des mouvemens les plus hasardeux. Mais dans le plus grand calme de l'Etat, aussi-tôt qu'il lui fut permis de se reposer des occupations de sa charge sur un fils qu'il n'eût jamais donné au Roi, s'il ne l'eût senti capable de le bien servir ; après qu'il eût reconnu que le nouveau Secretaire d'Etat savoit, avec une ferme &

continuelle action, suivre les desseins, & exécuter les ordres d'un
maître si entendu dans l'art de la
guerre : ni la hauteur des entreprises
ne surpassoit sa capacité, ni les
soins infinis de l'exécution n'étoient
au dessus de sa vigilance : tout étoit
prêt aux lieux destinés; l'ennemi
également menacé dans toutes ses
places; les troupes, aussi vigoureuses
que disciplinées, n'attendoient que
les derniers ordres du grand Capitaine, & l'ardeur que ses yeux ins-
pirent : tout tombe sous ses coups,
& il se voit l'arbitre du monde.
Alors le zélé Ministre, dans une
entiere vigueur d'esprit & de corps,
crut qu'il pouvoit se permettre une
vie plus douce.

L'épreuve en est hasardeuse pour
un homme d'Etat; & la retraite
presque toujours a trompé ceux
qu'elle flattoit de l'espérance du
repos. Celui-ci fut d'un caractere
plus ferme. Les Conseils où il
assistoit lui laissoient presque tout
son temps; & après cette grande
foule d'hommes & d'affaires qui
l'environnoit, il s'étoit lui-même

réduit à une espece d'oisiveté & de solitude : mais il la sut soutenir. Les heures qu'il avoit libres, furent remplies de bonnes lectures ; &, ce qui passe toutes les lectures, de férieuses réflexions sur les erreurs de la vie humaine, & sur les vains travaux des politiques, dont il avoit tant d'expérience. L'éternité se présentoit à ses yeux comme le digne objet du cœur de l'homme. Parmi ces sages pensées, & renfermé dans un doux commerce avec ses amis aussi modestes que lui : car il savoit les choisir de ce caractere, & il leur apprenoit à le conserver dans les emplois les plus importans & de la plus haute confiance ; il goûtoit un véritable repos dans la maison de ses peres, qu'il avoit accommodée peu-à-peu à sa fortune présente, sans lui faire perdre les traces de l'ancienne simplicité ; jouissant en sujet fidele des prospérités de l'Etat, & de la gloire de son maître.

La charge de Chancelier vaqua, & toute la France la destinoit à un Ministre si zélé pour la justice.

Mais, comme dit le Sage, (*a*) »
Autant que le ciel s'éleve, & que
la terre s'incline » au dessous de
lui, autant le cœur des Rois est
impénétrable ». Enfin le moment
du Prince n'étoit pas encore arrivé;
& le tranquille Ministre, qui connoissoit les dangereuses jalousies
des Cours, & les sages tempéramens des conseils des Rois, sut
encore lever les yeux vers la divine
Providence, dont les décrets éternels reglent tous ces mouvemens.
Lorsqu'après de longues années, il
se vit élevé à cette grande charge,
encore qu'elle reçût un nouvel
éclat en sa personne, où elle étoit
jointe à la confiance du Prince; sans
s'en laisser éblouir, le modeste
Ministre disoit seulement que le
Roi, pour couronner plutôt la
longueur que l'utilité de ses services, vouloit donner un titre à son
tombeau, & un ornement à sa
famille. Tout le reste de sa conduite
répondit à de si beaux commence-

(*a*) Cœlum sursùm, & terra deorsùm, & cor
regum inscrutabile. *Prov. XXV*, 3.

mens. Notre fiecle, qui n'avoit point vu de Chancelier fi autorifé, vit en celui-ci autant de modération & de douceur, que de dignité & de force; pendant qu'il ne ceffoit de fe regarder comme devant bientôt rendre compte à Dieu d'une fi grande adminiftration. Ses fréquentes maladies le mirent fouvent aux prifes avec la mort. Exercé par tant de combats, il en fortoit toujours plus fort, & plus réfigné à la volonté divine.

La penfée de la mort ne rendit pas fa vieilleffe moins tranquille ni moins agréable. Dans la même vivacité, on lui vit faire feulement de plus graves réflexions fur la caducité de fon âge, & fur le défordre extrême que cauferoit dans l'Etat une fi grande autorité dans des mains trop foibles. Ce qu'il avoit vu arriver à tant de fages vieillards, qui fembloient n'être plus rien que leur ombre propre, le rendoit continuellement attentif à lui-même. Souvent il fe difoit en fon cœur, que le plus malheureux effet de cette foibleffe de l'âge,

étoit

étoit de se cacher à ses propres yeux; de sorte que tout-à-coup on se trouve plongé dans l'abyme, sans avoir pu remarquer le fatal moment d'un insensible déclin : & il conjuroit ses enfans, par toute la tendresse qu'il avoit pour eux, & par toute leur reconnoissance, qui faisoit sa consolation dans ce court reste de vie, de l'avertir de bonne heure quand ils verroient sa mémoire vaciller ou son jugement s'affoiblir; afin que par un reste de force, il pût garantir le public & sa propre conscience des maux dont les menaçoit l'infirmité de son âge. Et lors même qu'il sentoit son esprit entier, il prononçoit la même sentence, si le corps abattu n'y répondoit pas : car c'étoit la résolution qu'il avoit prise dans sa derniere maladie; & plutôt que de voir languir les affaires avec lui, si ses forces ne lui revenoient, il se condamnoit, en rendant les sceaux, à rentrer dans la vie privée, dont aussi jamais il n'avoit perdu le goût; au hasard de s'ensevelir tout vivant & de vivre peut-être assez pour se voir long-temps-traversé par la dignité qu'il auroit quittée ; tant il étoit au dessus de sa propre élévation, & de toutes les grandeurs humaines.

Mais ce qui rend sa modération plus digne de nos louanges, c'est la force de son génie né pour l'action, & la vigueur qui, durant cinq ans, lui fit dévouer sa tête aux fureurs civiles. Si aujourd'hui je me vois contraint de retracer l'image de nos malheurs, je n'en ferai point d'excuse à mon Audi-toire, où de quelque côté que je me tourne, tout ce qui frappe mes yeux, me montre une fidélité irré-prochable, ou peut-être une courte erreur réparée par de longs ser-vices. Dans ces fatales conjonc-tures, il falloit, à un Ministre étran-ger, un homme d'un ferme génie & d'une égale sûreté, qui, nourri dans les Compagnies, connût les Ordres du Royaume & l'esprit de la nation. Pendant que la magnanime & intrépide Régente étoit obligée à montrer le Roi enfant aux Provinces, pour diffiper les troubles qu'on y excitoit de toutes parts, Paris & le cœur du Royaume demandoient un homme capable de profiter des momens, fans attendre de nouveaux ordres, & fans troubler le concert de l'Etat. Mais le Miniftre lui-même, fouvent éloigné de la Cour, au milieu de tant de confeils, que l'obfcurité des affaires, l'incertitude des événemens, & les différens intérêts faifoient hafarder, n'avoit-il pas befoin d'un homme que la Régente pût croire? Enfin il falloit un homme qui, pour ne pas irriter la haine publique déclarée contre le miniftere, fût fe conferver de la créance dans tous les partis, & ménager les reftes de l'autorité.

Cet homme, fi néceffaire au jeune Roi, à la Régente, à l'Etat, au Miniftre, aux cabales mêmes, pour ne les précipiter pas aux dernieres extrémités par le défefpoir: vous me prévenez, Meffieurs, c'eft celui dont nous parlons. C'eft donc ici qu'il parut comme un génie principal. Alors nous le vîmes s'oublier lui même, & comme un sage pilote, sans s'étonner ni des vagues, ni des orages, ni de son propre péril, aller droit comme un terme unique d'une si périlleuse navigation, à la conservation du corps de l'Etat, & au rétablissement de l'autorité royale. Pendant que la Cour réduisoit Bordeaux, & que Gaston, laissé à Paris pour le maintenir dans le devoir, étoit environné de mauvais conseils ; le Tellier fut le Chusaï qui les confondit, & qui assura la victoire à l'Oingt du Seigneur. Fallut-il éventer les Conseils d'Espagne, & découvrir le secret d'une paix trompeuse que l'on proposoit, afin d'exciter la sédition pour peu qu'on l'eût différée ? Le Tellier en fit d'abord accepter les offres : notre Plénipotentiaire partit; & l'Archiduc, forcé d'avouer qu'il n'avoit pas de pouvoir, fit connoître lui-même au peuple ému, si toutefois un peuple ému connoît quelque chose, qu'on ne faisoit qu'abuser de sa crédulité.

Mais s'il y eut jamais une con-

II. Rois, XVII.

jonĉture où il fallut montrer de la prévoyance & un courage intrépide, ce fut lorſqu'il s'agit d'aſſurer la garde des trois illuſtres captifs. Quelle cauſe les fit arrêter? Si ce fut ou des ſoupçons ou des vérités, ou de vaines terreurs ou de vrais périls, &, dans un pas ſi gliſſant, des précautions néceſſaires, qui le pourra dire à la poſtérité? Quoi qu'il en ſoit, l'oncle du Roi eſt perſuadé: on croit pouvoir s'aſſurer des autres Princes, & on en fait des coupables, en les traitant comme tels. Mais où garder des lions toujours prêts à rompre leurs chaînes, pendant que chacun s'efforce de les avoir en ſa main, pour les retenir ou les lâcher au gré de ſon ambition ou de ſes vengeances? Gaſton, que la Cour avoit attiré dans ſes ſentimens, étoit-il inacceſſible aux factieux? Ne vois-je pas au contraire autour de lui des ames hautaines, qui, pour faire ſervir les Princes à leurs intérêts cachés, ne ceſſoient de lui inſpirer qu'il devoit s'en rendre le maître? De quelle importance, de quel éclat, de quelle réputation au dedans & au dehors, d'être le maître du fort du Prince de Condé ? Ne craignons point de le nommer ; puifqu'enfin tout eft furmonté par la gloire de fon grand nom & de fes actions immortelles. L'avoir entre fes mains, c'étoit y avoir la victoire même, qui le fuit éternellement dans les combats. Mais il étoit jufte que ce précieux dépôt de l'Etat demeurât entre les mains du Roi, & il lui appartenoit de garder une fi noble partie de fon fang.

Pendant donc que notre Miniftre travailloit à ce glorieux ouvrage, où il y alloit de la Royauté & du falut de l'Etat, il fut feul en butte aux factieux. Lui feul, difoient-ils, favoit dire & taire ce qu'il falloit : feul il favoit épancher & retenir fon difcours ; impénétrable, il pénétroit tout ; & pendant qu'il tiroit le fecret des cœurs, il ne difoit, maître de lui-même, que ce qu'il vouloit. Il perçoit dans tous les fecrets, démêloit toutes les intrigues, découvroit les entreprifes les plus cachées & les plus fourdes machinations. C'étoit ce Sage dont

il est écrit : « Les conseils se re-
» celent dans le cœur de l'homme,
» à la maniere d'un profond abyme
» sous une eau dormante : mais
» l'homme sage les épuise » ;
il en découvre le fond : *Sicut aqua* Prov. XX, 5.
profunda, sic consilium in corde viri :
vir sapiens exhauriet illud. Lui seul
réunissoit les gens de bien, rom-
poit les liaisons des factieux, en dé-
concertoit les desseins, & alloit
recueillir dans les égarés, ce qu'il
y restoit quelquefois de bonnes intentions. Gaston ne croyoit que lui;
& lui seul savoit profiter des heureux momens & des bonnes dispositions d'un si grand Prince
« Venez, venez, faisons contre lui
» de secretes menées « : *Venite, &*
cogitemus contra eum cogitationes;
unissons-nous, pour le décréditer :
tout ensemble « Frappons-le de notre
» langue, & ne souffrons plus
» qu'on écoute tous ses beaux dis-
» cours » : *Percutiamus eum linguâ,* Jer. XVIII, 18.
& non attendamus ad universos sermones
ejus.

Mais on faisoit contre lui de plus
funestes complots. Combien reçut-il

d'avis fecrets, que fa vie n'étoit pas
en fûreté ! Et il connoiffoit dans le
parti, de ce fiers courages dont la
force malheureufe & l'efprit extrême
ofe tout, & fait trouver des exé-
cuteurs. Mais fa vie ne lui fut pas
précieufe, pourvu qu'il fût fidele
à fon miniftere. Pouvoit-il faire à
Dieu un plus beau facrifice, que
de lui offrir une ame pure de l'iniquité de fon fiecle, & dévouée à
fon Prince & à la patrie ? Jefus
nous en a montré l'exemple : les
Juifs mêmes le reconnoiffoient pour
un fi bon citoyen, qu'ils crurent ne
pouvoir donner auprès de lui une
meilleure recommandation à ce Cen-
tenier, qu'en difant à notre Sauveur : (*a*) « Il aime notre nation ».
Jérémie a-t-il plus verfé de larmes
que lui fur les ruines de fa patrie ?
Que n'a pas fait ce Sauveur miféri-
cordieux pour prévenir les malheurs
de fes citoyens ? Fidele au Prince
comme à fon pays, il n'a pas craint

(*a*) Diligit enim gentem noftram. *Luc. VII*,
5.

d'irriter l'envie des Pharisiens en défendant les droits de César; & lorsqu'il est mort pour nous sur le Calvaire, victime de l'Univers, il a voulu que les plus chéri de ses Evangélistes remarquât qu'il mouroit spécialement « Pour sa » nation ».: *Quia moriturus erat pro gente.* *Matt. XXII, 21.* *Joan. XI, 51.*

Si notre zélé Ministre, touché de ces vérités, exposa sa vie, craindroit-il de hasarder sa fortune ? Ne sait-on pas qu'il falloit souvent s'opposer aux inclinations du Cardinal son bienfaiteur ? Deux fois , en grand politique, ce judicieux favori sut céder au temps & s'éloigner de la Cour. Mais il le faut dire : toujours il y vouloit revenir trop tôt. Le Tellier s'opposoit à ses impatiences jusqu'à se rendre suspect ; & sans craindre ni ses envieux, ni les défiances d'un Ministre également soupçonneux & ennuyé de son état, il alloit d'un pas intrépide où la raison d'Etat le déterminoit. Il sut suivre ce qu'il conseilloit. Quand l'éloignement de ce grand Ministre eut attiré celui de ses confidens ,

C v

supérieur par cet endroit au Miniſtre même, dont il admiroit d'ailleurs les profonds conſeils, nous
l'avons vu retiré dans ſa maiſon,
où il conſerva ſa tranquillité parmi
les incertitudes des émotions popu-
laires & d'une Cour agitée; & ré-
ſigné à la Providence, il vit ſans
inquiétude frémir à l'entour les
flots irrités : & parce qu'il ſouhai-
toit le rétabliſſement du Miniſtre,
comme un ſoutien néceſſaire de la
réputation & de l'autorité de la Régence, & non pas, comme pluſieurs
autres, pour ſon intérêt, que le
poſte qu'il occupoit lui donnoit
aſſez de moyens de ménager d'ailleurs : aucun mauvais traitement ne
le rebutoit. Un beau-frere ſacrifié,
malgré ſes ſervices, lui montroit ce
qu'il pouvoit craindre. Il ſavoit,
crime irrémiſſible dans les Cours,
qu'on écoutoit des propoſitions
contre lui-même; & peut-être que
ſa place eût été donnée, ſi on eût
pu la remplir d'un homme auſſi ſûr.
Mais il n'en tenoit pas moins la
balance droite. Les uns donnoient au
Miniſtre des eſpérances trompeuſes,

les autres lui infpiroient de vaines terreurs; & en s'empreffant beaucoup, ils faifoient les zélés & les importans. Le Tellier lui montroit la vérité, quoique fouvent importune; & induftrieux à fe cacher dans les actions éclatantes, il en renvoyoit la gloire au Miniftre, fans craindre, dans le même temps, de fe charger des refus que l'intérêt de l'Etat rendoit néceffaires. Et c'eft delà qu'il eft arrivé, qu'en méprifant par raifon la haine de ceux dont il lui falloit combattre les prétentions, il en acquéroit l'eftime, & fouvent même l'amitié & la confiance. L'hiftoire en racontera de fameux exemples : je n'ai pas befoin de les rapporter; & content de remarquer des actions de vertu, dont les fages auditeurs puiffent profiter, ma voix n'eft pas deftinée à fatisfaire les politiques ni les curieux.

Mais puis-je oublier celui que je vois par-tout dans le récit de nos malheurs? Cet homme (a) fi fidele

____

(a) Le Cardinal de Retz.

aux particuliers, si redoutable à l'Etat; d'un caractere si haut, qu'on ne pouvoit ni l'estimer, ni le craindre, ni l'aimer, ni le haïr à demi; ferme génie, que nous avons vu, en ébranlant l'Univers, s'attirer une dignité qu'à la fin il voulut quitter comme trop chérement achetée, ainsi qu'il eut le courage de le reconnoître dans le lieu le plus éminent de la Chrétienté, & enfin comme peu capable de contenter ses desirs, tant il connut son erreur, & le vuide des grandeurs humaines. Mais pendant qu'il vouloit acquérir ce qu'il devoit un jour mépriser, il remua tout par de secrets & puissans ressorts; & après que tous les partis furent abattus, il sembla encore se soutenir seul, & seul encore menacer le favori victorieux, de ses tristes & intrépides regards. La Religion s'intéresse dans ses infortunes; la Ville Royale s'émut, & Rome même menace. Quoi donc, n'est-ce pas assez que nous soyons attaqués au dedans & au dehors par toutes les Puissances temporelles? Faut-il que la Religion se

mêle dans nos malheurs, & qu’elle
femble nous oppofer de près & de
loin une autorité facrée? Mais par
les foins du fage Michel le Tellier,
Rome n’eut point à reprocher au
Cardinal Mazarin d’avoir terni l’é-
clat de la pourpredont il étoit revêtu:
les affaires eccléfiaftiques prirent
une forme réglée; ainfi le calme
fut rendu à l’Etat. On revoit dans
fa premiere vigueur l’autorité affoiblie : Paris & tout le Royaume,
avec un fidele & admirable empref-
fement, reconnoît fon Roi gardé
par la Providence, & réfervé à fes
grands ouvrages : le zèle des Compagnies, que de triftes expériences
avoient éclairées, eft inébranlable :
les pertes de l’Etat fon réparées :
le Cardinal fait la paix avec avantage. Au plus haut point de fa gloire,
fa joie eft troublée par la trifte ap-
parition de la mort : intrépide, il
domine jufqu’entre fes bras & au
milieu de fon ombre. Il femble qu’il
ait entrepris de montrer à toute
l’Europe que fa faveur, attaquée par
tant d’endroits eft fi hautement
établie, que tout devient foible contre

elle, jufqu'à une mort prochaine &
lente. Il meurt avec cette trifte
confolation; & nous voyons commencer ces belles années, dont on
ne peut affez admirer le cours glorieux.

Cependant la grande & pieufe
Anne d'Autriche rendoit un perpétuel témoignage à l'inviolable
fidelité de notre Miniftre, où,
parmi tant de divers mouvemens,
elle n'avoit jamais remarqué un pas
douteux. Le Roi, qui dès fon enfance l'avoit vu toujours attentif
au bien de l'Etat, & tendrement
attaché à fa Perfonne facrée, prenoit
confiance en fes confeils; & le Miniftre confervoit fa modération,
foigneux fur-tout de cacher l'important fervice qu'il rendoit continuellement à l'Etat, en faifant
connoître les hommes capables de
remplir les grandes places, & en
leur rendant à propos des offices
qu'ils ne favoient pas. Car que peut
faire de plus utile un zélé Miniftre;
puifque le Prince, quelque grand
qu'il foit, ne connoît fa force qu'à
demi, s'il ne connoît les grands

hommes que la Providence fait naître en son temps pour le seconder.

Ne parlons pas des vivans, dont les vertus, non plus que les louanges, ne sont jamais sûres dans le variable état de cette vie. Mais je veux ici nommer par honneur le sage, le docte & le pieux Lamoignon, que notre Ministre proposoit toujours comme digne de prononcer les oracles de la justice dans le plus majestueux de ses Tribunaux. La justice, leur commune amie, les avoit unis ; & maintenant ces deux ames pieuses, touchées sur la terre du même desir de faire régner les loix, contemplent ensemble, à découvert, les loix éternelles d'où les nôtres sont dérivées ; & si quelque légere trace de nos foibles distinctions paroît encore dans une si simple & si claire vision, elles adorent Dieu en qualité de justice & de regle.

Ecce in justitia regnabit Rex, & Principes in judicio præerunt : « Le Roi régnera selon la justice, & les Juges présideront en jugement ». La justice passe *Is. XXXII*

du Prince dans les Magiſtrats; &
du trône, elle ſe répand ſur les
tribunaux. C'eſt dans le regne d'E-
zéchias, le modele de nos jours. Un
Prince zélé pour la juſtice nomme
un principal & univerſel Magiſtrat;
capable de contenter ſes deſirs.
L'infatigable Miniſtre ouvre des
yeux attentifs ſur tous les tribunaux : animé des ordres du Prince,
il y établit la regle, la diſcipline,
le concert, l'eſprit de juſtice. Il
ſait que ſi la prudence du ſouverain
Magiſtrat eſt obligée quelquefois,
dans les cas extraordinaires, de ſup-
pléer à la prévoyance des loix, c'eſt
toujours en prenant leur eſprit; &
enfin qu'on ne doit ſortir de la
regle qu'en ſuivant un fil qui tienne,
pour ainſi dire, à la regle même.
Conſulté de toutes parts, il donne
des réponſes courtes, mais déciſives, auſſi pleines de ſageſſe que de
dignité; & le langage des loix eſt
dans ſon diſcours. Par toute l'é-
tendue du Royaume, chacun peut
faire ſes plaintes, aſſuré de la
protection du Prince; & la juſtice
ne fut jamais ni ſi éclairée ni ſi

secourable. Vous voyez comme ce sage Magistrat modere tout le corps de la justice : voulez-vous voir ce qu'il fait dans la sphere où il est attaché, & qu'il doit mouvoir par lui-même ?

Combien de fois s'est-on plaint que les affaires n'avoient ni de regle ni de fin; que la force des choses jugées n'étoit presque plus connue; que la compagnie où l'on renversoit, avec tant de facilité, les jugemens de toutes les autres, ne respectoit pas davantage les siens; enfin que le nom du Prince étoit employé à rendre tout incertain, & que souvent l'iniquité sortoit du lieu d'où elle devoit être foudroyée? Sous le sage Michel le Tellier, le Conseil fit sa véritable fonction; & l'autorité de ses Arrêts, semblable à un juste contrepoids, tenoit, par tout le Royaume, la balance égale. Les Juges, que leurs coup hardis & leur artifices faisoient redouter, furent sans crédit: leur nom ne servit qu'à rendre la justice plus attentive. Au Conseil comme au Sceau, la multitude, la

variété, la difficulté des affaires n'é-
tonnerent jamais ce grand Magiftrat.
Il n'y avoit rien de plus difficile, ni
auffi de plus hafardeux, que de le
furprendre; & dès le commencement
de fon miniftere, cette irrévocable
fentence fortit de fa bouche, que
le crime de le tromper feroit le
moins pardonnable. De quelque
belle apparence que l'iniquité fe
couvrît, il en pénétroit les détours;
& d'abord il favoit connoître, même
fous les fleurs, la marche tor-
tueufe de ce ferpent. Sans châti-
ment, fans rigueur, il couvroit
l'injuftice de confufion; en lui
faifant feulement fentir qu'il la
connoiffoit; & l'exemple de fon
inflexible régularité fut l'inévitable
cenfure de tous les mauvais deffeins.
Ce fut donc par cet exemple admirable, plus encore que par fes
difcours & par fes ordres, qu'il
établit dans le Confeil une pureté
& un zèle de la juftice, qui attire
la vénération des peuples, affure
la fortune des particuliers, affermit
l'ordre public, & fait la gloire de
ce regne.

Sa juſtice n'étoit pas moins prompte qu'elle étoit exacte. Sans qu'il fallût le preſſer, les gémiſſe-mens des malheureux plaideurs, qu'il croyoit entendre nuit & jour, étoient pour lui une perpétuelle & vive ſollicitation. Ne dites pas à ce zélé Magiſtrat qu'il travaille plus que ſon grand âge ne le peut ſouffrir : vous irriterez le plus pa-tient de tous les hommes. Eſt-on, diſoit-il, dans les places pour ſe repoſer & pour vivre ? ne doit-on pas ſa vie à Dieu, au Prince & à l'Etat ? Sacrés Autels, vous m'êtes témoins que ce n'eſt pas aujour-d'hui par ces artificieuſes fictions de l'éloquence, que je lui mets en la bouche ces fortes paroles. Sache la poſtérité, ſi le nom d'un ſi grand Miniſtre fait aller mon diſcours juſqu'à elle, que j'ai moi-même ſouvent entendu ces ſaintes ré-ponſes. Après de grandes maladies, cauſées par de grands travaux, on voyoit revivre cet ardent deſir de reprendre ſes exercices ordinaires, au haſard de retomber dans les mêmes maux ; & tout ſenſible qu'il étoit aux tendreſſes de ſa famille, il l'accoutumoit à ces courageux ſentimens. C'eſt, comme nous l'avons dit, qu'il faiſoit conſiſter, avec ſon ſalut, le ſervice particulier qu'il devoit à Dieu, dans une ſainte adminiſtration de la juſtice. Il en faiſoit ſon culte perpétuel, ſon ſacrifice du matin & du ſoir, ſelon cette parole du Sage : (a) « La juſtice vaut mieux devant Dieu que de lui offrir des victimes ». Car quelle plus ſainte hoſtie, quel encens plus doux, quelle priere plus agréable, que de faire entrer devant ſoi la cauſe de la veuve, que d'eſſuyer les larmes du pauvre oppreſſé, & de faire taire l'iniquité par toute la terre ? Combien le pieux Miniſtre étoit touché de ces vérités, ſes paiſibles audiences le faiſoient paroître.

Dans les audiences vulgaires, l'un, toujours précipité, vous trouble l'eſprit ; l'autre, avec un viſage in-

____

(a) Facere miſericordiam & judicium, magis placet Domino quàm victimæ. *Prov. XXI*, 3.

quiet & des regards incertains, vous ferme le cœur : celui-là se préfente à vous par coutume ou par bienféance, & il laiffe vaguer fes penfées fans que vos difcours arrêtent fon efprit diftrait : celui-ci, plus cruel encore, a les oreilles bouchées par fes préventions ; & incapable de donner entrée aux raifons des autres, il n'écoute que ce qu'il a dans fon cœur A la facile audience de ce fage Magiftrat, & par la tranquillité de fon favorable vifage, une ame agitée fe calmoit. C'eft-là qu'on trouvoit (a) « Ces » douces réponfes qui appaifent la » colere, & ces paroles qu'on pré- » fere aux dons » : *Verbum melius quàm datum.* Il connoiffoit les deux *Eccli. XVIII, 16.* vifages de la juftice : l'un facile dans le premier abord ; l'autre févere & impitoyable quand il faut conclure. Là, elle veut plaire aux hommes, & également contenter les deux partis : ici, elle ne craint ni d'offenfer le puiffant, ni d'affliger

____

(a) Refponfio mollis frangit iram. *Prov.* *XV*, I.

le pauvre & le foïble. Ce charitable Magiſtrat étoit ravi d'avoir à commencer par la douceur ; & dans toute l'adminiſtration de la juſtice, il nous paroiſſoit un homme que ſa nature avoit fait bienfaiſant ; & que la raiſon rendoit inflexible. C'eſt par où il avoit gagné les cœurs. Tout le Royaume faiſoit des vœux pour la prolongation de ſes jours : on ſe repoſoit ſur ſa prévoyance : ſes longues expériences étoient pour l'Etat un tréſor inépuiſable de ſages conſeils ; & ſa juſtice, ſa prudence, la facilité qu'il apportoit aux affaires, lui méritoient la vénération & l'amour de tous les peuples.

O Seigneur, vous avez « Fait, » comme dit le Sage, (a) l'œil qui » regarde, & l'oreille qui entend ». Vous donc, qui donnez aux Juges ces regards benins, ces oreilles attentives, & ce cœur toujours ouvert à la vérité, écoutez-nous pour

––––––––––––––––––––––––––

(a) Aurem audientem, & oculum viden-m, Dominus fecit utrumque. *Prov. XX*, 12.

celui qui écoutoit tout le monde. Et vous, doctes Interpretes des loix, fideles dépositaires de leurs secrets, & implacables vengeurs de leur sainteté méprisée, suivez ce grand exemple de nos jours. Tout l'Univers a les yeux sur nous. Affranchis des intérêts & des passions, sans yeux comme sans mains, vous marchez sur la terre semblables aux Esprits célestes : ou plutôt, images de Dieu, (a) vous en imitez l'indépendance. Comme lui, vous n'avez besoin ni des hommes ni de leurs présens ; comme lui, vous faites justice à la veuve & au pupille : l'étranger n'implore pas en vain votre secours ; & assurés que vous exercez la puissance du Juge de l'Univers, vous n'épargnez personne dans vos jugemens. Puisse-t-il, avec ses lumieres & avec son esprit de

---

(a) Dominus Deus vester, ipse est Deus Deorum, & Dominus dominantium : Deus magnus & potens, & terribilis, qui personam non accipit, nec munera. Facit judicium pupillo & viduæ, amat peregrinum, & dat ei victum atque vestitum. *Deut.* X, 17, 18.

force, vous donner cette patience, cette attention & cette docilité toujours accessible à la raison, que Salomon lui demandoit pour juger son peuple.

II. Rois, III, 9.

Mais ce que cette chaire, ce que ces Autels, ce que l'Evangile que j'annonce, & l'exemple du grand Ministre dont je célebre les vertus, m'oblige à regarder plus que toutes choses, c'est les droits sacrés de l'Eglise. L'Eglise ramasse ensemble tous les titres par où l'on peut espérer le secours de la justice. La justice doit une assistance particuliere aux foibles, aux orphelins, aux épouses délaissées & aux étrangers. Qu'elle est forte cette Eglise, & que redoutable est le glaive que le Fils de Dieu lui a mis dans la main ! Mais c'est un glaive spirituel, dont les superbes & les incrédules ne ressentent pas le (a) « Double

____

(a) De ore ejus gladius utraque parte acutus exibat. *Apoc. I*, 16.

Vivus est sermo Dei & efficax, & penetrabilior omni gladio ancipiti. *Heb. IV*, 12.

tranchant

» tranchant ». Elle eſt fille du Tout-
puiſſant : mais ſon Pere, qui la
ſoutient au dedans, l'abandonne
ſouvent aux perſécuteurs ; &, à
l'exemple de Jeſus-Chriſt, elle eſt
obligée de crier dans ſon agonie :(a)
« Mon Dieu, mon Dieu, pourquoi
» m'avez-vous délaiſſée » ? Son (b)
« Epoux » eſt le plus puiſſant
comme « Le plus beau », & le
plus parfait « De tous les enfans
» des hommes » : mais elle n'a (c)
« Entendu ſa voix » agréable : elle
n'a joui de ſa douce & déſirable préſence qu'un moment : tout d'un
coup il a pris la fuite avec une
courſe rapide ; (d) « Et plus vîte

(a) Eli, Eli, lammaſabaɔthani : hoc eſt,
Deus meus, Deus meus, ut quid dereliquiſti
me ? *Matth. XXVII*, 46.

(b) Specioſus formâ præ filiis hominum,
Pſ. XLIV, 3.

(c) Amicus ſponſi, qui ſtat & audit eum
gaudio gaudet propter vocem ſponſi. *Joan
III*, 29.

(d) Fuge, dilecte tui, & affimilare capreæ
hinnuloque cervorum ſuper montes aromatum.
Cant. VIII, 14.

Tome XVII.   D

» qu'un faon de biche ; il s'est élevé
» au dessus des plus hautes mon-
» tagnes ». Semblable à une épouse
désolée, l'Eglise ne fait que gémir,
& le (a) « Chant de la tourterelle »
délaissée est dans sa bouche. Enfin
elle est étrangere & comme errante
sur la terre, où elle vient recueillir
les enfans de Dieu sous ses ailes ; &
le monde, qui s'efforce de les lui
ravir, ne cesse de traverser son pélerinage.

Mere affligée, elle a souvent à
se plaindre de ses enfans qui l'op-
priment. On ne cesse d'entreprendre
sur ses droits sacrés : sa puissance
céleste est affoiblie, pour ne pas dire
tout-à-fait éteinte. On se venge sur
elle de quelques-uns de ses Ministres, trop hardis usurpateurs des
droits temporels ; à son tour la
puissance temporelle a semblé vouloir tenir l'Eglise captive, & se ré-
compenser de ses pertes sur Jesus-
Christ même. Les Tribunaux sécu-

____

(a) Vox turturis audita est in terra nostra.
Cant. II, 12.

liers ne retentiſſent que des affaires
eccléſiaſtiques : on ne ſonge pas au
don particulier qu'a reçu l'Ordre
Apoſtolique pour les décider : don
céleſte que nous ne recevons qu'une
fois (*a*) « Par l'impoſition des
» mains » ; mais que ſaint Paul
nous ordonne de « Ranimer », de
renouveller , & de rallumer ſans
ceſſe en nous-mêmes comme un feu
divin ; afin que la vertu en ſoit immortelle. Ce don nous eſt-il ſeu-
lement accordé pour annoncer la
ſainte parole, ou pour ſanctifier les
ames par les Sacremens ? N'eſt - ce
pas auſſi pour policer les Egliſes,
pour y établir la diſcipline, pour
appliquer les Canons inſpirés de
Dieu à nos ſaints prédéceſſeurs, &
accomplir tous les devoirs du miniſtere eccléſiaſtique ?

Autrefois, & les Canons & les
Loix, & les Evêques & les Empereurs concouroient enſemble à empêcher les Miniſtres des Autels de

-----

(*b*) Admoneo te ut reſſuſcites gratiam
Dei, quæ eſt in te per impoſitionem ma-
nuum mearum. *II. Tim. I,* 6.

paroître, pour les affaires même temporelles, devant les Juges de la terre. On vouloit avoir des intercesseurs purs du commerce des hommes ; & on craignoit de les rengager dans le siecle d'où ils avoient été séparés, pour être le partage du Seigneur. Maintenant c'est pour les affaires ecclésiastiques qu'on les y voit entraînés ; tant le siecle a prévalu, tant l'Eglise est foible & impuissante. Il est vrai que l'on commence à l'écouter : l'auguste Conseil & le premier Parlement donnent du secours à son autorité blessée : les sources du droit sont révélées ; les saintes maximes revivent. Un Roi zélé pour l'Eglise, & toujours prêt à lui rendre davantage qu'on ne l'accuse de lui ôter, opere ce changement heureux : son sage & intelligent Chancelier seconde ses desirs. Sous la conduite de ce Ministre, nous avons comme un nouveau Code, favorable à l'Episcopat ; & nous vanterons désormais, à l'exemple de nos peres, les Loix unies aux Canons. Quand ce sage Magistrat renvoie les affaires eccléfiaftiques aux Tribunaux féculiers, fes doctes Arrêts leur marquent la voie qu'ils doivent tenir, & le remede qu'il pourra donner à leurs entreprifes.

Ainfi la fainte clôture, protectrice de l'humilité & de l'innocence, eft établie : ainfi la puiffance féculiere ne donne plus ce qu'elle n'a pas ; & la fainte fubordination des puiffances eccléfiaftiques, image des céleftes hiérarchies & lien de notre unité, eft confervée : ainfi la Cléricature jouit, par tout le Royaume, de fon privilége : ainfi fur le facrifice des vœux, & fur ce (a) « Grand » Sacrement de » l'indiffoluble « Union de Jefus-Chrift avec fon » Eglife », les opinions font plus faines dans le Barreau éclairé, & parmi les Magiftrats intelligens, que dans les livres de quelques Auteurs qui fe difent Eccléfiaftiques & Théologiens. Un grand Prélat a part à ces grands ouvrages : habile autant

____

(a) Sacramentum hoc magnum eft : ego autem dico in Chrifto & in Ecclefia. *Eph.* **V,** 32.

qu'agréable intercesseur auprès d'un pere porté par lui-même à favoriser l'Eglise, il fait ce qu'il faut attendre de la piété éclairée d'un grand Ministre; & il représente les droits de Dieu, sans blesser ceux de César. Après ces commencemens, ne pourrons-nous pas enfin espérer que les jaloux de la France n'auront pas éternellement à lui reprocher les libertés de l'Eglise toujours employées contre elle-même ?

Ame pieuse du sage Michel le Tellier, après avoir avancé ce grand ouvrage, recevez, devant ces Autels, ce témoignage sincere de votre foi & de notre reconnoissance, de la bouche d'un Evêque, trop tôt obligé à changer en sacrifices pour votre repos, ceux qu'il offroit pour une vie si précieuse. Et vous, saints Evêques, interpretes du ciel, Juges de la terre, Apôtres, Docteurs, & serviteurs des Eglises; vous qui sanctifiez cette assemblée par votre présence, & vous qui, dispersés par tout l'Univers, entendrez le bruit d'un ministere si favorable à l'Eglise, offrez à jamais de saints sacrifices pour cette ame pieufe. Ainfi puiffe la difcipline eccléfiaftique être entiérement rétablie : ainfi puiffe être rendue la majefté à vos tribunaux, l'autorité à vos jugemens, la gravité & le poids à vos cenfures. Puiffiez-vous, fouvent affemblés au nom de Jefus-Chrift, l'avoir au milieu de vous, & revoir la beauté des anciens jours. Qu'il me foit permis du moins de faire des vœux devant ces Autels, de foupirer après les antiquités, devant une compagnie fi éclairée, & (*a*) « D'annoncer la » fageffe entre les parfaits ».

Mais, Seigneur, que ce ne foit pas feulement des vœux inutiles. Que ne pouvons-nous obtenir de votre bonté, fi, comme nos prédéceffeurs, nous faifons nos chaftes délices de votre Ecriture, notre principal exercice de la prédication de votre parole, & notre félicité de la fanctification de votre peuple ; fi, attachés à nos troupeaux par un

---

(*a*) Sapientiam loquimur inter perfectos. *I. Cor. II*, 6.

saint amour, nous craignons d'en être arrachés; si nous sommes soigneux de former des Prêtres, que Louis puisse choisir pour remplir nos Chaires; si nous lui donnons le moyen de décharger sa conscience de cette partie la plus périlleuse de ses devoirs; & que, par une regle inviolable, ceux-là demeurent exclus de l'Episcopat, qui ne veulent pas y arriver par des travaux apostoliques. Car aussi, comment pourrons-nous, sans ce secours, incorporer tout-à-fait à l'Eglise de Jesus-Christ tant de peuples nouvellement convertis, & porter avec confiance un si grand accroissement de notre fardeau? Ah! si nous ne sommes infatigables à instruire, à reprendre, à consoler, à donner le lait aux infirmes & le pain aux forts, enfin à cultiver ces nouvelles plantes, & à expliquer à ce nouveau peuple la sainte parole, dont, hélas! on s'est tant servi pour le séduire : (a) « Le fort armé,

____

(a) Tunc vadit & assumit septem alios spiritus secum, nequiores se; & ingressi habitant ibi : & fiunt novissima illius pejora prioribus. *Luc.* XI, 21, 24, 25, 26.

» chaffé de fa demeure, reviendra »,
plus furieux que jamais, « Avec
» fept efprits plus malins que lui;
» & notre état deviendra pire que
» le précédent ».

Ne laiffons pas cependant de publier ce miracle de nos jours : fai-
fons-en paffer le récit aux fiecles
futurs. Prenez vos plumes facrées,
vous qui compofez les annales de
l'Eglife : (*a*) agiles inftrumens »
« D'un prompt Ecrivain & d'une
» main diligente », hâtez-vous de
mettre Louis avec les Conftantins
& les Théodofes. Ceux qui vous
ont précédés dans ce beau travail
racontent, (*b*) « Qu'avant qu'il y

(*a*) Lingua mea calamus fcribæ velociter
fcribentis. *Pf. XLIV*, 2.

(*b*) Nam fuperiorum Imperatorum tempo-
ribus, quicumque Chriftum colebant, licèt
opinionibus inter fe diffentirent, à Gentilibus
tamen pro iifdem habebantur.... Quam ob
caufam finguli facilè in unum convenientes,
feparatim collectas celebrabant, & affiduè fe-
cum mutuò colloquentes, tametfi pauci nu-
mero effent, nequaquam diffipati funt. Poft
hanc verò legem nec publicè collectas agere

» eût eu des Empereurs dont les
» loix eussent ôté les assemblées aux
» Hérétiques, les sectes demeuroient
» unies, & s’entretenoient long-
» temps. Mais, poursuit Sozomene,
» depuis que Dieu suscita des Princes
» Chrétiens, & qu’ils eurent défendu
» ces conventicules, la loi ne per-
» mettoit pas aux Hérétiques de
» s’assembler en public; & le Clergé,
» qui veilloit sur eux, les empêchoit
» de le faire en particulier. De cette
» sorte, la plus grande partie se
» réunissoit, & les opiniâtres mou-
» roient sans laisser de postérité;
» parce qu’ils ne pouvoient ni com-
» muniquer entre eux, ni enseigner
» librement leurs dogmes ». Ainsi
tomboit l’hérésie avec son venin;

---

eis licuit, lege id prohibente ; nec clanculò,
cùm singularum civitatum Episcopi ac Clerici
eos sollicitè observarent. Unde factum est ut
plerique eorum, metu perculsi, Ecclesiæ ca-
tholicæ sese adjunxerint. Alii verò, licèt in
eadem sententia perseveraverint, nullis tamen
opinionis suæ successoribus post se relictis,
ex hac vita migràrunt : quippe qui nec in
unum coire permitterentur, nec opinionis
suæ consortes liberè ac sine metu docere
possent. *Sozom, hist. lib. II, cap. XXXII.*

& la discorde rentroit dans les enfers d'où elle étoit sortie.

Voilà, Messieurs, ce que nos peres ont admiré dans les premiers siecles de l'Eglise. Mais nos peres n'avoient pas vu, comme nous, une héréfie invétérée tomber tout-à-coup, les troupeaux égarés revenir en foule, & nos Eglises trop étroites pour les recevoir : leurs faux Pasteurs les abandonner, fans même en attendre l'ordre, & heureux d'avoir à leur alléguer leur banniffement pour excuse : tout calme dans un si grand mouvement : l'Univers étonné de voir, dans un événement si nouveau, la marque la plus affurée, comme le plus bel usage de l'autorité, & le mérite du Prince plus reconnu & plus révéré que fon autorité même. Touchés de tant de merveilles, épanchons nos cœurs fur la piété de Louis : pouffons jufqu'au ciel nos acclamations, & difons à ce nouveau Conftantin, à ce nouveau Théodofe, à ce nouveau Marcien, à ce nouveau Charlemagne, ce que les fix cent trente Peres dirent autrefois dans le Con-

cile de Chalcédoine : (*a*) « Vous
» avez affermi la Foi, vous avez
» exterminé les Hérétiques : c'eſt le
» digne ouvrage de votre regne,
» c'en eſt le propre caractere. Par
» vous l'héréſie n'eſt plus : Dieu
» ſeul a pu faire cette merveille.
» Roi du ciel, conſervez le Roi de
» la terre : c'eſt le vœu des Egliſes;
» c'eſt le vœu des Evêques ».

QUAND le ſage Chancelier reçut l'ordre de dreſſer ce pieux Edit, qui donne le dernier coup à l'héréſie, il avoit déja reſſenti l'atteinte de la maladie dont il eſt mort. Mais un Miniſtre, ſi zélé pour la juſtice, ne devoit pas mourir avec le regret de ne l'avoir pas rendue à tous ceux dont les affaires étoient préparées.

(*a*) Hæc digna veſtro imperio : hæc propria veſtri regni.... Per te orthodoxa fides firmata eſt : per te hærefis non eſt. Cœleſtis Rex, terrenum cuſtodi. Per te firmata fides eſt.... Unus Deus qui hoc fecit.... Rex cœleſtis, Auguſtam cuſtodi, dignam pacis.... Hæc oratio Eccleſiarum : hæc oratio Paſtorum. *Concil. Chalced. Act. VI.*

Malgré cette fatale foibleſſe qu'il
commençoit de ſentir, il écouta,
il jugea, & il goûta le repos d'un
homme heureuſement dégagé, à qui
ni l'Egliſe, ni le monde, ni ſon
Prince, ni ſa patrie, ni les particuliers, ni le public, n'avoient plus
rien à demander. Seulement Dieu
lui réſervoit l'accompliſſement du
grand ouvrage de la Religion; & il
dit en ſcellant la révocation du
fameux Edit de Nantes, qu'après
ce triomphe de la Foi & un ſi beau
monument de la piété du Roi, il ne
ſe ſoucioit plus de finir ſes jours.
C'eſt la derniere parole qu'il ait
prononcée dans la fonction de ſa
charge ; parole digne de couronner un ſi glorieux miniſtere.

En effet, la mort ſe déclare :
on ne tente plus de remede contre
ſes funeſtes attaques : dix jours
entiers, il la conſidere avec un
viſage aſſuré, tranquille. Toujours
aſſis, comme ſon mal le demandoit,
on croit aſſiſter juſqu'à la fin ou à
la paiſible audience d'un Miniſtre,
ou à la douce converſation d'un
ami commode. Souvent il s'entre-

tient seul avec la mort : la mémoire, le raisonnement, la parole ferme, & aussi vivant par l'esprit qu'il étoit mourant par le corps, il semble lui demander d'où vient qu'on la nomme cruelle. Elle lui fut nuit & jour toujours présente ; car il ne connoissoit plus le sommeil, & la froide main de la mort pouvoit seule lui clorre les yeux. Jamais il ne fut si attentif : « Je suis, » disoit-il, en faction » ; car il me semble que je lui vois prononcer encore cette courageuse parole : Il n'est pas temps de se reposer : à chaque attaque il se tient prêt, & il attend le moment de sa délivrance.

Ne croyez pas que cette constance ait pu naître tout-à-coup entre les bras de la mort : c'est le fruit des méditations que vous avez vues, & de la préparation de toute sa vie. La mort revele les secrets des cœurs. Vous, riches, vous qui vivez dans les joies du monde, si vous saviez avec quelle facilité vous vous laissez prendre aux richesses que vous croyez posséder ; si vous saviez par combien d'imperceptibles liens elles s'attachent, &, pour ainsi dire, elle s'incorporent à votre cœur, & combien sont forts & pernicieux ces liens que vous ne sentez pas, vous entendriez la vérité de cette parole du Sauveur (*a*) « Malheur à vous, riches; & vous » pousseriez, comme dit saint Jac-» ques, (*b*) des cris lamentables & » des hurlemens à la vue de vos » miseres ». Mais vous ne sentez pas un attachement si déréglé. Le desir se fait mieux sentir; parce qu'il a de l'agitation & du mouvement. Mais dans la possession, on trouve, comme dans un lit, un repos funeste, & on s'endort dans l'amour des biens de la terre, sans s'appercevoir de ce malheureux engagement.

C'est, mes Freres, où tombe celui qui met sa confiance dans les

---

(*a*) Væ vobis divitibus. *Luc. VI*, 24.

(*b*) Agite nunc, divites, plorate ululantes in miseriis vestris, quæ advenient vobis, *Jac. V*, 1.

richeffes ; je dis même dans les richeffes bien acquifes. Mais l'excès
de l'attachement que nous ne fen-
tons pas dans la poffeffion, fe fait,
dit faint Auguftin, (*a*) fentir dans
la perte. C'eft-là qu'on entend ce
cri d'un Roi malheureux, d'un Agag
outré contre la mort, qui lui vient
ravir tout-à-coup, avec la vie, fa
grandeur & fes plaifirs : *Siccine fe-*
parat amara mors ? « Eft - ce ainfi
» que la mort amere vient rompre
» tout-à-coup de fi doux liens » ?
Le cœur faigne : dans la douleur
de la plaie, on fent combien ces
richeffes y tenoient ; & le péché
que l'on commettoit par un attachement fi exceffif, fe découvre tout
entier : *Quantùm hæc amando pec-*
caverint, perdendo fenferunt. Par une
raifon contraire, un homme dont
la fortune protégée du ciel ne con-

Reg. XV, 32

(*a*) Illi autem infirmiores, qui terrenis
his bonis, quamvis ea non præponerent Chrifto, aliquantulâ tamen cupiditate cohærebant,
quantúm hæc amando peccaverint, perdendo
fenferunt. Tantùm quippe doluerunt, quantùm fe doloribus inferuerunt. *Auguft. de Civit.*
Dei, lib. I, cap. 10, n. 2.

noît pas les disgraces; qui élevé
sans envie aux plus grands honneurs,
heureux dans sa personne & dans
sa famille, pendant qu'il voit dis-
paroître une vie si fortunée, bénit
la mort, & aspire aux biens éternels; ne faut-il pas voir qu'il n'a-
voit pas mis (a) « Son cœur dans
» le trésor que les voleurs peuvent
» enlever », & que, comme un
autre Abraham, il ne connoît de
repos que (b) « Dans la Cité
» permanente » ?

Un fils, consacré à Dieu, s'ac-
quitte courageusement de son devoir
comme de toutes les autres parties
de son ministere ; & il va porter
la triste parole à un pere si tendre
& si chéri. Il trouve ce qu'il espé-
roit, un Chrétien préparé à tout,
qui attendoit ce dernier office de sa

(a) Nolite thesaurirare vobis thesauros in
terra... ubi fures effodiunt & furantur. The-
saurisate autem vobis thesauros in cœlo. Ubi
enim est thesaurus tuus, ibi est & cor tuum.
Matth. VI, 19, 20, 21.

(b) Expectabat fundamentum habentem
civitatem. *Heb. XI*, 10.

piété. l'Extrême-Onction, annoncée par la même bouche à ce Philosophe chrétien, excite autant sa piété, qu'avoit fait le Saint Viatique. Les saintes prieres des agonisans réveillent sa foi : son ame s'épanche dans les célestes Cantiques ; & vous diriez qu'il soit devenu un autre David, par l'application qu'il se fait à lui - même de ses divins Pseaumes. Jamais juste n'attendit la grace de Dieu avec une plus ferme confiance : jamais pécheur ne demanda un pardon plus humble, ni ne s'en crut plus indigne.

Qui me donnera le burin que Job désiroit, pour graver sur l'airain & sur le marbre cette parole sortie de sa bouche en ces derniers jours : « Que depuis quarante-deux » ans qu'il servoit le Roi, il avoit » la consolation de ne lui avoir » jamais donné de conseil que » selon sa conscience ; & dans un » si long ministere, de n'avoir jamais » souffert une injustice qu'il pût » empêcher » ? La justice demeurer constante, &, pour ainsi dire, toujours vierge & incorrup-

tible parmi des occasions si délicates : quelle merveille de la grace !
Après ce témoignage de sa conscience, qu'avoit-il besoin de nos
éloges ? Vous étonnez-vous de sa
tranquillité ? Quelle maladie ou
quelle mort peut troubler celui qui
porte au fond de son cœur un si
grand calme ? Que vois-je durant
ce temps ? Des enfans percés de
douleur : car ils veulent bien que
je rende ce témoignage à leur piété,
& c'est la seule louange qu'ils peuvent écouter sans peine. Que vois-je
encore ? Une femme forte, pleine
d'aumônes & de bonnes œuvres,
précédée, malgré ses desirs, par
celui que tant de fois elle avoit
cru devancer. Tantôt elle va offrir
devant les Autels cette plus chere
& plus précieuse partie d'elle-même :
tantôt elle rentre auprès du malade, non par foiblesse ; mais, dit-
elle, « Pour apprendre à mourir,
« & profiter de cet exemple ». L'heureux vieillard jouit jusqu'à la fin des
tendresses de sa famille, où il ne
voit rien de foible : mais pendant
qu'il en goûte la reconnoissance,

comme un autre Abraham, il la fa-
crifie; & en l'invitant à s'éloigner :
« Je veux, dit-il, m'arracher juf-
» qu'aux moindres veftiges de l'hu-
» manité ».

Reconnoiffez-vous un Chrétien
qui acheve fon facrifice; qui fait
le dernier effort, afin de rompre
tous les liens de la chair & du fang,
& ne tient plus à la terre? Ainfi
parmi les fouffrances & dans les
approches de la mort, s'épure,
comme dans un feu, l'ame chrétienne. Ainfi elle fe dépouille de ce
qu'il y a de terreftre. & de trop
fenfible, même dans les affections
les plus innocentes. Telles font les
graces qu'on trouve à la mort. Mais
qu'on ne s'y trompe pas, c'eft quand
on l'a fouvent méditée, quand on
s'y eft long-temps préparé par de
bonnes œuvres : autrement la mort
porte en elle-même ou l'infenfibi-
lité, ou un fecret défefpoir, ou,
dans fes juftes frayeurs, l'image
d'une pénitence trompeufe, & enfin
un trouble fatal à la piété.

Mais voici dans la perfection de
la charité, la confommation de

l'œuvre de Dieu. Un peu après, parmi ses langueurs, & percé de douleurs aiguës, le courageux vieillard se leve ; & les bras en haut, après avoir demandé la persévérance : « Je ne désire point, dit-il, » la fin de mes peines ; mais je dé- » sire de voir Dieu ». Que vois-je ici, Chrétiens? La foi véritable, qui d'un côté ne se lasse pas de souffrir, vrai caractere d'un Chrétien ; & de l'autre, ne cherche plus qu'à se développer de ses ténebres, & en dissipant le nuage, se changer en pure lumiere & en claire vision. O moment heureux, où nous sortirons des ombres & des (a) « Enigmes » pour voir la vérité manifeste ! Courons-y, mes Freres, avec ardeur : hâtons-nous de « Pu- » rifier notre cœur ; afin de voir Dieu », selon la promesse de l'Evangile (b). Là est le terme du voyage :

____

(a) Videmus nunc per speculum in ænigmate. *I. Cor. XIII*, 12.

(b) Beati mundo corde; quoniam ipsi Deum videbunt. *Matth. V*, 8.

là se finissent les gémissemens : là s'acheve le travail de la foi, quand elle va, pour ainsi dire, enfanter la vue. Heureux moment, encore une fois ! qui ne te désire pas, n'est pas Chrétien.

Après que ce pieux desir est formé par le Saint-Esprit dans le cœur de ce vieillard plein de foi, que reste-t-il, Chrétiens, sinon qu'il aille jouir de l'objet qu'il aime ? Enfin, prêt à rendre l'ame : « Je » rends graces à Dieu, dit-il, de voir » défaillir mon corps devant mon » esprit ». Touché d'un si grand bienfait, & ravi de pouvoir pousser ses reconnoissances jusqu'au dernier soupir, il commença l'Hymne des divines miséricordes. *Misericordias* *Domini in æternum cantabo* : « Je » chanterai, dit-il, éternellement » les miséricordes du Seigneur ». Il expire en disant ces mots, & il continue avec les Anges le sacré Cantique. Reconnoissez maintenant que sa perpétuelle modération venoit d'un cœur détaché de l'amour du monde ; & réjouissez-vous en Notre-Seigneur, de ce que riche

Ps. LXXXVIII.

il a mérité les graces & la récompenfe de la pauvreté.

Quand je confidere attentivement dans l'Evangile la parole, ou plutôt l'hiftoire du mauvais riche, & que je vois de quelle forte Jefus-Chrift y parle des fortunés de la terre; il me femble d'abord qu'il ne leur laiffe aucune efpérance au fiecle futur. Lazare, pauvre & couvert d'ulcères, (a) « Eft porté par » les Anges au fein d'Abraham », pendant que le riche, toujours heureux dans cette vie, « Eft enfeveli » dans les enfers ». Voilà un traitement bien différent que Dieu fait à l'un & à l'autre. Mais comment eft-ce que le Fils de Dieu nous en explique la caufe? (b) « Le riche, » dit-il, a reçu fes biens, & le » pauvre fes maux dans cette vie »:

____

(a) Factum eft autem ut moreretur mendicus, & portaretur ab Angelis in finum Abrahæ. Mortuus eft autem & dives, & fepultus eft in inferno. *Luc. XVI*, 22.

(b) Et dixit illi Abraham : Fili, recordare quia recepifti bona in vita tua ; & Lazarus fimiliter mala. Nunc autem hic confolatur ; tu verò cruciaris. *Ibid.* 25.

& delà quelle conféquence ? Ecoutez, riches, & tremblez : « Et mainte-
» nant, pourfuit-il, l'un reçoit
» fa confolation, & l'autre fon
» jufte fupplice ». Terrible diftinc-
tion ! funefte partage pour les grands du monde ! Et toutefois ouvrez les yeux : c'eft le riche Abraham qui reçoit le pauvre Lazare dans fon fein ; & il vous montre, ô riches du fiecle, à quelle gloire vous pouvez afpirer, fi (a) « Pauvres en efprit », & détachés de vos biens, vous vous tenez auffi prêts à les quitter, qu'un voyageur empreffé à déloger de la tente où il paffe une courte nuit. Cette grace, je le confeffe, eft rare dans le nouveau Teftament, où les afflictions & la pauvreté des enfans de Dieu doivent fans ceffe repréfenter à toute l'Eglife un Jefus-Chrift fur la Croix. Et cependant, Chrétiens, Dieu nous donne quelquefois de pareils exemples ; afin que nous entendions qu'on peut méprifer les charmes de la grandeur,

---

(a) Beati pauperes fpiritu. _Matt. V, 3._

même

même présente , & que les pauvres
apprennent à ne désirer pas avec
tant d'ardeur ce qu'on peut quitter
avec joie.

Ce Ministre si fortuné & si détaché tout ensemble, leur doit inspirer ce sentiment. La mort a découvert le secret de ses affaires ; &
le public, rigide censeur des hommes
de cette fortune & de ce rang, n'y
a rien vu que de modéré. On a vu
ses biens accrus naturellement par un
si long ministere, & par une prévoyante économie ; & on ne fait
qu'ajouter à la louange de grand
Magistrat & de sage Ministre, celle
de sage & vigilant pere de famille,
qui n'a pas été jugée indigne des
saints Patriarches. Il a donc , à leur
exemple, quitté sans peine ce qu'il
avoit acquis sans empressement : ses
vrais biens ne lui sont pas ôtés ; &
sa justice demeure aux siecles des
siecles. C'est d'elle que sont dé-
coulées tant de graces & tant de
vertus que sa derniere maladie a
fait éclater. (*a*) Ses aumônes , si

____

(*a*) Conclude eleemosynam in corde pau-

bien cachées dans le sein du pauvre, ont prié pour lui : (*a*) sa main droite les cachoit à sa main gauche ; & à la réserve de quelque ami, qui en a été le ministre ou le témoin nécessaire, ses plus intimes confidens les ont ignorées : mais « Le » Pere qui les a vues dans le se- » cret, lui en a rendu la récom- » pense ».

Peuples, ne le pleurez plus ; & vous qui, éblouis de l'éclat du monde, admirez le tranquille cours d'une si longue & si belle vie, portez plus haut vos pensées. Quoi donc, quatre-vingt-trois ans passés au milieu des prospérités, quand il n'en faudroit retrancher ni l'enfance où l'homme ne se connoît pas, ni les maladies où l'on ne vit point, ni tout les temps dont on a toujours tant de sujet de se repentir, paroîtront-

---

peris ; & hæc pro te exorabit. *Eccli.* *XXIX*, 15.

(*a*) Te faciente eleemosynam, nesciat siniftra tua quid faciat dextera tua.... Et Pater tuus, qui videt in abscondito, reddet tibi. *Matth. VI*, 3, 4.

ils quelque chose à la vue de l'E-
ternité, où nous nous avançons à
si grands pas? Après cent trente ans
de vie, (*a*) Jacob amené au Roi
d'Egypte, lui raconte la courte durée
de son laborieux pélerinage, qui
n'égale pas les jours de son pere
Isaac, ni de son aïeul Abraham.
Mais les ans d'Abraham & d'Isaac,
qui ont fait paroître si courts ceux
de Jacob, s'évanouissent auprès de
la vie de Sem, que celle d'Adam
& de Noé efface. Que si le temps
comparé au temps, la mesure à la
mesure, & le terme au terme, se
réduit à rien : que sera-ce si l'on
compare le temps à l'éternité, où
il n'y a ni mesure ni terme? Comptons donc comme très-court, Chrétiens, ou plutôt comptons comme
un pur néant tout ce qui finit ;
puisqu'enfin quand on auroit mul-
tiplié les années au-delà de tous les

(*a*) Respondit Jacob : Dies peregrinatio-
nis meæ centum triginta annorum sun , parvi
& mali ; & non pervenerunt usque ad dies
patrum meorum, quibus peregrinati sunt.
Genes. XLVII, 9.

nombres connus, visiblement ce ne sera rien quand nous serons arrivés au terme fatal.

Mais peut-être que prêt à mourir on comptera pour quelque chose cette vie de réputation, ou cette imagination de revivre dans sa famille qu'on croira laisser solidement établie. Qui ne voit, mes Freres, combien vaines, mais combien courtes & combien fragiles sont encore ces secondes vies, que notre foiblesse nous fait inventer, pour couvrir en quelque sorte l'horreur de la mort ? Dormez votre sommeil, riches de la terre, & demeurez dans votre poussiere. Ah ! si quelques générations, que dis-je ! si quelques années après votre mort, vous reveniez, hommes oubliés, au milieu du monde, vous vous hâteriez de rentrer dans vos tombeaux, pour ne voir pas votre nom terni, votre mémoire abolie & votre prévoyance trompée dans vos amis, dans vos créatures, & plus encore dans vos héritiers & dans vos enfans. Est-ce là le fruit du travail dont vous vous êtes consumés sous le foleil, vous amaffant un tréfor de haine & de colere éternelle au jufte jugement de Dieu?

Sur-tout, mortels, défabufez-vous de la penfée dont vous vous flattez, qu'après une longue vie la mort vous fera plus douce & plus facile. Ce ne font pas les années, c'eft une longue préparation qui vous donnera de l'affurance. Autrement un Philofophe vous dira en vain que vous devez être raffafiés d'années & de jours, & que vous avez affez vu les faifons fe renouveller, & le monde rouler autour de vous; ou plutôt, que vous vous êtes affez vus rouler vous-mêmes, & paffer avec le monde. La derniere heure n'en fera pas moins infupportable, & l'habitude de vivre ne fera qu'en accroître le defir. C'eft de faintes méditations, c'eft de bonnes œuvres, c'eft ces véritables richeffes, que vous enverrez devant vous au fiecle futur, qui vous infpireront de la force; & c'eft par ce moyen que vous affermirez votre courage. Le vertueux Michel le Tellier vous en a donné l'exemple : la fageffe, la fidélité, la justice, la modestie, la prévoyance, la piété; toute la troupe sacrée des vertus qui veilloient, pour ainsi dire, autour de lui, en ont banni les frayeurs, & ont fait du jour de sa mort, le plus beau, le plus triomphant, le plus heureux jour de sa vie.

HISTOIRE ABRÉGÉE

D E

LOUIS DE BOURBON,

PRINCE DE CONDÉ,

PREMIER PRINCE DU SANG.

CE Prince, qui a fait un si grand personnage sous le regne de Louis XIV, naquit à Paris, le 8 Septembre 1621, de Henri de Bourbon, Prince de Condé, & de Charlotte-Marguerite de Montmorency. On donna au jeune Prince, dans le moment de sa naissance, le nom de Duc d'Enguien, qu'il porta jusqu'à la mort de Henri son pere. L'extrême foiblesse de son tempérament fit craindre qu'il n'eût le sort de trois autres Princes nés avant lui, qui étoient morts en bas âge. Il fut nourri avec beaucoup de précautions à Montrond dans le Berry, place très - forte, qui appartenoit en propriété au Prince de Condé.

A peine étoit-il sorti de l'enfance, n'ayant pas encore huit ans, que Henri son pere le fit venir à Bourges, lieu le plus ordinaire de sa résidence, dans le dessein de faire élever sous ses yeux un fils qui lui étoit si cher. Pour s'assurer davantage du succès de son éducation, il voulut en être comme le Gouverneur, & se contenta de mettre auprès du Duc d'Enguien un Gentilhomme sage & vertueux, en qualité de Sous - Gouverneur. Il lui choisit pour Directeurs de ses études les Peres Pelletier & le Maître-Gontier, Jésuites; mais il régla lui-même l'usage que son fils devoit faire de son temps. Plus ce Prince étoit instruit, & connoissoit le mérite de la science & le prix des bonnes mœurs, plus il veilla sur la conduite de son fils, & donna d'attention au plan de ſes études. On lui fit ſuivre le cours entier des claſſes & des exercices du Collége où il alloit prendre ſes leçons.

Le Duc d'Enguien répondit parfaitement aux ſoins que ſon pere, de concert avec ſes maîtres, prenoit pour former ſon eſprit & ſon cœur. Il apprit avec une facilité merveilleuſe tout ce qu'on lui enſeigna ; & dès l'âge de douze ans il fit un Traité ſur la Rhétorique, qu'il adreſſa au Prince de Conti ſon frere. Il étudia la Philoſophie avec tant d'application, qu'il fut en état de ſoutenir des theſes publiques, qui lui mériterent de grands applaudiſſemens.

Le cours de ſes études fini, le Prince de Condé ne jugea pas convenable de lui faire commencer auſſitôt les exercices d'Académie ; parce qu'il ne le trouvoit pas encore aſſez robuſte. En attendant, il l'envoya à Montrond avec un ſavant Docteur en Droit de la Faculté de Bourges, pour y employer utilement ſon temps. Le jeune Prince y étudia le Droit public & particulier, l'Hiſtoire, les Mathématiques, &c. avec des fuccès prodigieux. Il réuffit de même dans tous les exercices académiques qu'il parcourut rapidement : & enfin il fe préfenta à la Cour avec toutes les qualités d'un grand Prince. Son entrée s'y fit à l'époque de la naiffance du Dauphin tant défiré, Louis XIV ; & fa préfence embellit les fêtes qui furent données à l'occafion de cet heureux événement.

Le Duc d'Enguien ne perdit pas à la Cour le goût qu'il avoit pris pour l'étude & les fciences qui nourriffent l'efprit, l'ornent & l'ennobliffent. Il aimoit beaucoup la lecture, & ne paffoit pas de jour fans y employer plufieurs heures avec une application fuivie. Il fe rendit tous les fujets familiers : car il vouloit tout favoir ; & peu content des connoiffances fuperficielles, il approfondiffoit tout ce qu'il apprenoit. Durant fes premieres années de loifir, il fut des affemblées de l'hôtel de Rambouillet, fi renommées pour lors, & qui étoient comme l'école des beaux efprits. Les fciences avoient tant d'attraits pour lui, que dans les intervalles de ſes travaux militaires il y revenoit toujours, & montroit par ſa conduite que les plaiſirs de la littérature ne ſont pas des amuſemens indignes d'un héros. L'Hiſtoire ſur-tout faiſoit ſes plus cheres délices : mais ce qui l'y attachoit plus particuliérement, c'étoit la vie des grands hommes qu'il étudioit avec ſoin.

Parmi tant de belles qualités, on apperçut néanmoins dans ce jeune Prince un mélange de défauts, qui montrerent en lui trop de conformité avec Alexandre, dont il ſembloit s'être appliqué à copier le caractere. Il étoit peu capable d'égards ; violent, emporté, d'une humeur qui ſouffroit difficilement la réſiſtance & les contradictions. L'élévation de ſon rang ne fit que mettre ces défauts dans un plus grand jour, & les rendre plus dangereux.

Les inclinations du Prince parurent bientôt décidées pour les armes. Dès l'âge de dix-neuf ans, en 1640, il commença à ſervir en

qualité de volontaire au fiége d'Arras,
dont la conquête très-glorieufe à
la France, le fut beaucoup en particulier pour le Duc d'Enguien,
qui fe trouva par - tout, &
donna en toutes occafions des
preuves diftinguées de fa valeur.

Le Cardinal de Richelieu, dont
le miniftere devenoit de jour en jour
plus illuftre & plus impérieux, am-
bitionnoit pour fa famille les plus
nobles alliances. Celle du premier
Prince du fang ne lui parut pas au
deffus de fes prétentions ; & M. le
Prince de Condé défiroit lui-même
l'alliance du Cardinal. Une converfation de plufieurs heures, que ce
Miniftre eut avec le Duc d'Enguien,
augmenta encore l'eftime qu'il faifoit de fa perfonne, & le defir qu'il
avoit de fe l'attacher. Surpris des
talens & de la capacité d'un Prince
fi jeune, il preffa plus que jamais
la conclufion du mariage projetté
de fa niéce Claire-Clemence, fille
du Maréchal de Brezé, avec le Duc
d'Enguien. Le Prince de Condé fon
pere, qui avoit paru les années pré-
cédentes fouhaiter d'unir fa maifon

à celle du Cardinal, avoit depuis quelque temps changé de vues, & témoigna presque autant de répugnance pour ce mariage, que le Duc d'Enguien même. Cependant l'autorité supérieure du Cardinal, qui n'aimoit pas à être refusé, l'emporta sur toutes les résistances. Les fiançailles furent célébrées dans la chambre du Roi, le 7 Février 1640; & le 12 du même mois la bénédiction nuptiale fut donnée aux deux époux par l'Archevêque de Paris, dans la Chapelle du Palais Cardinal. Peu de jours après son mariage, le Duc d'Enguien tomba très-dangereusement malade; ce qui fut attribué à la violence qu'il s'étoit faite pour consentir à cette alliance. On craignit long-temps pour sa vie : mais la jeunesse & les remedes lui firent enfin prendre le dessus; & son tempérament, jusqu'alors très-délicat, se fortifia tout-à-coup.

Dès qu'il fut guéri, il suivit son inclination pour la guerre : il se rendit en Flandres en 1641 au siége d'Aire, où il se distingua par cette

intrépidité qui lui étoit naturelle.
Il servit encore l'année suivante dans
l'armée de Roussillon, & on le vit
s'exposer au péril comme le moindre
soldat.

Le Cardinal de Richelieu étant
mort le 4 Décembre de la même
année 1642, le Cardinal Mazarin
sa créature, qu'il avoit désigné pour
lui succéder dans le ministere, fut
mis à la tête du Conseil. Il proposa
au Roi le Duc d'Enguien pour commander en Flandres, voulant sans
doute mettre dans ses intérêts, dès
le commencement, la Maison de
Condé.

Quoique ce Prince n'eût encore
donné que des marques de valeur,
& qu'à l'âge de vingt-un ans on
eût lieu de craindre qu'il n'eût pas encore toute l'expérience nécessaire;
cependant il fut nommé, à l'ouverture de la campagne de 1643, pour
être Général en chef. Déja le Prince
s'étoit rendu à l'armée, & se hâtoit
de venir au secours de Rocroy,
dont il importoit beaucoup d'empêcher la prise, lorsqu'il reçut la
nouvelle de la mort du Roi Louis

XIII, arrivée le 14 Mai 1643. Le Duc d'Enguien ne se laissa point abattre par une si triste nouvelle. Loin de succomber aux vues d'ambition qu'on voulut lui inspirer, dans une circonstance où il pouvoit, à la tête d'une armée qui lui étoit toute dévouée, devenir comme l'arbitre de la Régence, & augmenter considérablement la grandeur & le pouvoir de sa Maison, il n'en témoigna que plus de zèle pour l'intérêt public, & s'appliqua uniquement à sauver la France.

La bataille de Rocroy a été tant célébrée, qu'il n'est pas nécessaire de parler de la gloire que le Duc d'Enguien s'acquit dans cette journée. Il nous suffit de remarquer, qu'après avoir formé le plan d'une action générale, & pris en conséquence, comme d'un coup d'œil, toutes ses mesures avec la sagacité & la prudence du Capitaine le plus expérimenté; après avoir visité ses corps-de-garde, & s'être assuré contre les surprises, il ordonna qu'on l'éveillât avant le lever du soleil; & en attendant une journée si importante pour l'Etat & pour lui, il s'endormit tranquillement. Le combat se donna le lendemain 19 Mai : le Prince fit des prodiges de bravoure, & remporta fur l'ennemi une victoire des plus complettes. Pénétré d'une jufte reconnoiffance pour le Dieu des armées, il fléchit le genou au milieu du champ de bataille; & commandant à tous les foldats d'en faire autant, il rendit à haute voix au Souverain Arbitre des combats de très-humbles actions de graces de la protection qu'il lui avoit accordée.

La nouvelle d'une victoire fi intéreffante pour la France répandit l'allégreffe par-tout, principalement à la Cour. La Reine Régente & le Cardinal Mazarin en apprirent le détail avec une joie inexprimable. Le Duc d'Enguien fut peut-être celui qui parut le moins fenfible à la gloire qu'il s'étoit acquife dans cette journée. Au lieu de fe preffer de venir recevoir les complimens & les honneurs qui lui étoient dûs, il ne s'occupa qu'à profiter de fes avantages, & de l'affoibliffement où

il avoit réduit l'armée ennemie.
Enfin le 15 de Septembre il arriva
à Paris, où le Roi & la Reine lui
donnerent tous les témoignages d'eftime & d'affection, que méritoient
les services signalés qu'il avoit rendus au Royaume.

Si les bornes que nous nous
sommes prescrites nous permettoient
de nous étendre sur les événemens
mémorables des différentes guerres
où le Prince continua de s'immor-
taliser, combien de sujets d'admiration ne nous présenteroient-ils pas ?
Mais il faudroit un volume pour
embrasser cette multitude de faits
plus éclatans les uns que les autres,
qui développerent les grandes qualités de notre héros. Ainsi nous ne
le suivrons point dans les campagnes
de 1644, 1645, 1646, &c. où il se
montra autant habile dans la science
des siéges, que redoutable dans les
batailles. Les places les plus fortes
& les mieux défendues ne purent
tenir contre ses attaques. Il défit à
Fribourg, à Nortlingue les plus
grands Capitaines & les meilleures
troupes des ennemis, remporta des

victoires décisives, & devint enfin comme le boulevard de la France.

Après la glorieuse campagne de 1646 , le Duc d'Enguien reparut à la Cour , où il reçut des applaudissemens univerſels. Il éprouva auſſi un refus auquel il ne s'attendoit pas dans de pareilles circonſtances , & dont il conſerva ſans doute trop de reſſentiment. La charge d'Amiral étant vacante par la mort d'Armand Duc de Brezé ſon beau-frere, le Duc qui la déſiroit, la fit demander par le Prince de Condé ſon pere. Mais la Reine Régente s'excuſa de lui accorder cette charge, ſous prétexte d'en réſerver la diſpoſition à la majorité du Roi.

Le Duc d'Enguien fit alors une perte d'une très-grande conſéquence dans la perſonne de Henri Prince de Condé, qui mourut le 26 Décembre de cette même année. Sa mort fut très-funeſte au Royaume : car la ſageſſe de ce Prince, le crédit qu'il avoit à la Cour, ſon autorité dans les Conſeils & dans le Parlement avoient juſque-là ſuſpendu les troubles dont l'Etat étoit menacé. Il laiſſa trois enfans ; le Duc d'Enguien, que nous appellerons à l'avenir Prince de Condé, Armand Prince de Conty, ſi célebre dans la ſuite par ſa vie pénitente & ſa mort chrétienne ; & Anne-Geneviéve, très-connue ſous le nom de Ducheſſe de Longueville, & encore plus avantageuſement par ſon éclatante converſion. Si ces trois illuſtres perſonnages, qui jouerent un auſſi grand rôle dans les malheureuſes guerres de la Fronde, n'avoient pas été privés des ſages conſeils & des graves exemples d'un pere ſi reſpectable & ſi dévoué à la Cour, il y a tout lieu de préſumer qu'ils ne ſeroient pas tombés dans les écarts qui ont été dans la ſuite le ſujet de leurs regrets & de leurs larmes.

Le Prince de Condé, devenu riche & puiſſant, fut regardé de toute la Cour comme celui dont l'amitié ou la haine alloit décider de la bonne ou de la mauvaiſe fortune des hommes. L'air victorieux que lui donnoient ſes grands ſuccès, le faiſoit redouter & conſidérer

despluspuissants. Chacun s'empressoit
de capter sa bienveillance ; & quand
il venoit chez la Reine, il remplis-
soit son appartement des personnes
du Royaume les plus qualifiées. Ses
Favoris, qui étoient pour la plupart de jeunes Seigneurs qui l'avoient
suivi à l'armée, & qui participoient
à sa grandeur, comme ils avoient
contribué à la gloire qu'il s'étoit
acquise, furent appellés les petits
Maîtres ; parce qu'ils tenoient à celui
qui le paroissoit être de tous les
autres. Le Cardinal Mazarin, qui
craignoit l'humeur impérieuse &
altiere du Prince, chercha à l'éloigner de la Cour ; & pour y réussir,
il le prit par son foible, en lui pro-
posant d'aller commander en Cata-
logne avec la qualité de Vice-Roi.
Le Prince de Condé, avide de gloire,
accepta cette commission, qui ne lui
fut pas d'abord aussi heureuse qu'il
l'avoit espéré. Mais dès qu'il eut
réparé l'échec qu'il avoit reçu au
siége de Lérida, en prenant la ville
d'Ager, & faisant lever le siége de
Constantin, il se retira dans son
gouvernement de Bourgogne, fort

aigri contre le Cardinal qui, l'ayant engagé dans cette entreprise, ne lui avoit pas envoyé les secours qu'il lui avoit promis. Les pressantes sollicitations qu'on employa pour l'adoucir, le déterminerent enfin à revenir à la Cour; & après avoir fait de vifs reproches au Cardinal, il s'appaisa entiérement sur la promesse qu'on lui fit du commandement de l'armée de Flandre, pour l'année suivante. Le Prince de Condé se mit en campagne dès que la saison le lui put permettre. Après plusieurs succès assez considérables, quoique privé des secours nécessaires par la mésintelligence survenue entre la Cour & le Parlement, il poussa ses exploits avec tant de vigueur, qu'il gagna auprès de Lens une des plus mémorables victoires dont l'histoire fasse mention. La fierté des Espagnols fut profondément humiliée par ce coup terrible, qui abattit tellement leur puissance, qu'il leur fut impossible de s'en relever dans la suite.

Les actions de graces solemnelles qu'on rendit en France pour un si grand fuccès, & les réjouiffances publiques qui les accompagnerent, furent comme la malheureufe époque où éclata dans Paris, par la journée des Barricades, ce long & cruel orage qui agita le Royaume depuis 1648 jufqu'à la fin de 1653. Quoiqu'il fût à défirer qu'on pût abolir à jamais le fouvenir de ces triftes événemens; cependant la part que le Prince de Condé y prit avec des alternatives fi fingulieres, ne nous permet pas d'en fupprimer tout-à-fait le déplorable récit.

Dès les premiers mouvemens des féditieux, la Cour fe hâta de rappeller ce grand Capitaine, pour la raffurer & pour contenir les mutins par fa préfence & par le refpect qu'on portoit à fa perfonne. La jeuneffe, la vivacité, & fur-tout la hauteur du Prince de Condé, le rendoient peut-être plus incapable qu'on ne penfoit de profiter pour le bien de l'Etat de la fupériorité, que lui donnoient fa naiffance & fes nobles exploits. A peine fut-il revenu de l'armée, que chacun travailla à l'entraîner dans fes intérêts.

La Reine, qui comptoit fur lui, fut informée des efforts que faifoient les Frondeurs pour fe l'attirer. Ils lui offrirent en effet, fous les couleurs les plus éblouiffantes, le titre de Chef de parti, & lui repréfenterent qu'il pouvoit feul fauver la France expofée aux plus affreux dangers, & délivrer d'un Miniftre odieux la nation opprimée. De fon côté la Régente redoubla de foins & d'attentions pour s'attacher le Prince de Condé, & conferver au Roi fon fils un fi p. iffant appui. Elle n'épargna ni les larmes, ni les prieres. Elle l'appella plufieurs fois fon troifieme fils, & lui dit que fa valeur foutenoit toutes fes efpérances. Le Roi, que la Reine avoit prévenu, l'embraffa, le pria, le conjura de ne pas fouffrir qu'étant Prince du mêm e fang, la Majefté Royale courût à fa vue rifque d'être dégradée. E nfin, le Cardinal Mazarin lui protefta qu'il ne feroit rien que par fes confeils, & qu'il fuivroit toutes fes volontés. Ces difcours & ces flatteufes promeffes perfuaderent au Prince de Condé qu'il devoit fe dé_ terminer à défendre la Reine & le jeune Roi. D'ailleurs cette résolution, si juste & si honorable en elle-même, lui promettoit des avantages plus réels & plus glorieux, qu'il ne pouvoit en attendre de la part des Frondeurs. Leurs séduisantes propositions ne trouverent donc pour le moment aucune prise sur l'ame de ce Prince généreux, malgré les mécontentemens personnels qu'il avoit de la Conduite du Cardinal. Après avoir d'abord usé des plus sages tempéramens pour concilier les intérêts de la Cour & ceux du peuple séduit; dès qu'il s'apperçut que l'autorité royale étoit vraiment en péril, rien ne fut capable de le retenir. Il marcha avec ardeur où son devoir l'appelloit, s'offrit à la Régente pour l'aider à venger le Roi du mépris que ses sujets faisoient de la puissance souveraine, & lui conseilla de tout hasarder pour rétablir une autorité qui paroissoit expirante, & qui demandoit des remedes extrêmes pour reprendre sa premiere vigueur. Animé par ce zèle ardent qui le caractérisoit, &

déterminé

déterminé à ne pas souffrir qu'on portât atteinte aux droits sacrés de la Couronne, il fit prendre à la Reine la triste & sévere résolution de ne plus parler à ses peuples que par la bouche de ses canons, & de soumettre par la force des armes ceux sur qui l'obéissance, le respect & l'amour n'avoient plus d'empire.

Dans ce dessein, le Roi, la Reine Régente & toute la Cour étant sortis sans éclat de Paris la nuit du jour des Rois 6 Janvier 1649, pour se retirer à Saint-Germain-en-Laye; le Prince de Condé fit le 7 Janvier avec sept ou huit mille hommes le blocus de Paris, réduisit les mutins aux abois, & contraignit bientôt les Frondeurs à demander eux-mêmes la paix, qui leur fut accordée sans peine, & dont les conditions furent signées le 11 Mars suivant. Heureux ce Prince, s'il eût toujours persé-véré dans une conduite si digne dé sa naissance & de son grand cœur, & s'il n'avoit pas cessé de suivre les engagemens d'un sujet fidele & d'un vrai Chrétien !

Mais la scene ne tarda pas à changer de face. Le Prince prêta l'oreille aux conseils impérieux de la Duchesse de Longueville sa sœur, qui avoit déja subjugué le Prince de Conti son frere, & une grande partie des personnages les plus distingués du Royaume. Elle captiva tellement son esprit, qu'il ne se conduisit plus que par ses avis, qui ne tendoient qu'à l'indisposer contre le Cardinal. Alors livré à la fougue de son tempérament, & comptant plus qu'il ne convenoit sur ses forces, il affecta de mépriser un ennemi qu'il devoit ménager. Trop appliqué peut-être à se rendre important, ou même nécessaire, il devint tout-à-la-fois odieux & au Cardinal dont il avoit été le défenseur, & à la Fronde dont il avoit déconcerté les projets. En conséquence la perte du Prince fut résolue comme d'un homme remuant & dangereux, qui mettoit ses services à trop haut prix, & paroissoit rebelle à force de prétentions. On ne laissa pas néanmoins d'avoir à l'extérieur des manieres obligeantes pour lui, jusqu'à ce que les mesures fussent prises pour s'assurer de sa personne. Enfin le 18 Janvier 1650, le premier Prince du sang, l'appui de la Monarchie & la terreur de ses ennemis, fut arrêté avec le Prince de Conti son frere, & le Duc de Longueville son beaufrere. Ils furent renfermés comme prisonniers d'Etat, d'abord à Vincennes, ensuite à Marcouffy, puis au Havre-de-Grace.

Le Prince de Condé ne s'oublia pas lui-même dans une situation qui devoit lui paroître si singuliere. Comme il ne se sentoit pas coupable des mauvaises intentions qu'on lui imputoit, il ne voulut pas faire la moindre résistance quand on l'arrêta, de peur de se rendre criminel, & réprima même les transports du Prince de Conti, qui voulut dans le premier mouvement faire du bruit. Malgré la sévérité avec laquelle ils étoient gardés, le Prince de Condé ne s'occupoit presque que des moyens de se tirer de sa prison. Le Prince de Conti ayant demandé un jour qu'on lui donnât le livre de l'Imitation de Jesus-Christ, pour se consoler dans une position si triste ; le

Prince de Conti reprit avec sa vivacité ordinaire : « Et moi je vous » prie de m'envoyer l'imitation de » M. de Beaufort, afin que je voie. » comme il a fait pour se sauver » d'ici il y a bientôt deux ans ». Cependant, quel que fût le zèle de ses amis & la fécondité de ses ressources, il ne put obtenir cette imitation tant désirée, & ce ne fut qu'au bout de treize mois, le 11 Février 1651, que le Roi & la Reine Régente, follicités par le Parlement, firent expédier les ordres nécessaires pour la liberté des Princes. Le Cardinal Marazin, qui toujours pourfuivi par la haine publique, avoit résolu de s'y fouftraire au moins pour un temps, en s'éloignant de la Cour, se fit un mérite d'aller lui-même leur annoncer le premier leur délivrance. Mais il vit bien à l'accueil que les Princes lui firent, qu'ils ne lui en favoient pas beaucoup plus de gré.

En effet, le Prince de Condé, qui, au rapport de M. Boffuet, déclara dans la fuite au Roi, « Qu'il étoit » entré innocent dans la prifon,

» mais qu'il en étoit sorti coupable »,
ne tarda pas à montrer qu'un
traiment si peu attendu avoit fait
une plaie bien profonde & bien
sensible dans une ame aussi hau-
taine que la sienne. Malgré les acclamations publiques, & les marques d'estime & d'affection avec
lesquelles les Princes furent reçus,
on s'apperçut bien que la réconciliation n'étoit ni sincere ni parfaite.
Le Prince de Condé quitta d'abord
Paris, & se retira à Saint-Maur, où
sa Cour ne fut pas poins considé-
rable que celle du Roi. Il ne prenoit
aucune précaution pour dissimuler
ses pensées, & déguiser son mécontentement. Peu de temps après, il
prétexta une fausse indisposition ou
une affaire, afin de se dispenser de
se trouver à la pompeuse cérémonie
du lit de justice, où le Roi déclara
sa majorité; & il s'excusa par une
lettre que sa majesté ne voulut pas
lire.

Cependant il demeuroit toujours
irrésolu sur le parti qu'il prendroit;
& l'on fut étonné qu'un Prince,
qui, dans les opérations militaires

& dans le plus grand feu de l'action, conservoit un sang froid & une présence d'esprit admirables, pour former & exécuter à l'instant les plus vastes projets, s'oublioit, pour ainsi dire, lui-même dans une occasion si importante. Mais tel étoit son génie, qu'il ne paroissoit plus le même homme quand il falloit délibérer sur des sujets qui ne lui offroient rien d'assez éclatant pour l'enflammer. Enfin Madame de Longueville, qui avoit tant d'ascendant sur le Prince de Condé, fixa ses incertitudes. Elle opina pour la guerre, & y détermina malheureusement ce grand Capitaine. Livré à ce funeste engagement, il déclara à ceux qui composoient cet aveugle conseil, que puisqu'ils vouloient la guerre, il falloit la faire; mais qu'ils se souvinssent qu'il tireroit l'épée malgré lui, & qu'il seroit peut-être le dernier à la remettre dans le fourreau; qu'ils l'entraînoient dans une mauvaise affaire, dans laquelle il pourroit arriver qu'ils ne le suivissent pas jusqu'au bout.

Le Prince de Condé partit donc

le 16 Septembre 1651 de Montrond, où avoit été prife une réfolution fi étrange, pour aller à fon
gouvernement de Guienne. Là il
fe mit à la tête des mécontens,
prit les armes contre fon Roi, &
conclut un traité avec les ennemis
de l'Etat pour faire la guerre au
Royaume dont il avoit été jufqu'alors
l'épée & le bouclier. Ni la Déclaration enregiftrée au Parlement le 5
Décembre fuivant, par laquelle ce
Prince & fes adhérans étoient dé-
clarés criminels de leze-majefté, ni
les follicitations que la Cour de
France lui fit faire, & les avantages
qu'on lui promit, ne purent le porter
à rentrer dans fon devoir. Après avoir
tenu tête aux armées du Roi en
différentes Provinces, il fe rendit à
Paris, par une marche auffi pénible que dangereufe, pour affermir
cette Capitale dans fon parti. On
entama pour lors de nouvelles négociations avec la Cour : mais comme
elles ne produifirent aucun effet,
le Prince de Condé fe mit en état
de recommencer la guerre. Deux
ou trois mois fe pafferent en diverfes

attaques peu décisives, jusqu'à la journée sanglante du fauxbourg Saint-Antoine, qui porta un coup mortel à la faction des Frondeurs. Depuis cette action, le parti des Princes, & des Seigneurs opposés à l'autorité royale, ou, comme ils se le figuroient, à la dénomination du Cardinal Mazarin, s'affoiblit insensiblement, & sans espoir. Le Cardinal, pour faciliter la réconciliation, consentit de nouveau à quitter la Cour. Bientôt les troubles s'appaiserent : enfin le Roi rentra dans Paris le 21 Octobre, & fit publier une amnistie générale.

Le Prince de Condé n'accomplit que trop fidélement l'espece de prédiction qu'il avoit faite. Il ne voulut point prendre part à l'amnistie accordée par Sa Majesté, ni accepter les propositions qui lui furent faites. Il sortit de Paris cinq jours avant que le Roi y revînt; & ne voyant plus de ressource aux malheurs dans lesquels il s'étoit précipité, il se crut dans la nécessité de chercher un asyle hors du Royaume, & de se jetter entre les bras de ces mêmes ennemis de la France, dont il avoit été si long-temps le vainqueur & l'effroi. Ainsi il demeura au service de l'Espagne jusqu'à la paix des Pyrénées, & au mariage du Roi avec l'Infante Marie-Thérese.

Au milieu même de ses égaremens, ce prince infortuné conserva toujours un cœur François. On le vit, lors même qu'il étoit pensionnaire de la Cour de Madrid, soutenir avec force la prééminence du Sang de France, & obliger cette Cour fiere & impérieuse d'ordonner à l'Archiduc, fils & frere des Rois d'Espagne, de rendre en public à la Maison de Bourbon les honneurs dus à sa supériorité sur celle d'Autriche. Quoiqu'il fût en état, à la tête de toutes les forces de la Monarchie Espagnole, de faire trembler la France, dont il avoit été auparavant le rempart, il fit assez connoître avec quelle ardeur il aspiroit au moment où la paix romproit les funestes engagemens qu'il avoit pris avec les ennemis de son Roi & de sa patrie. La conduite qu'il tint, lorfqu'il s'agit de régler ce qui le concernoit, déclara hautement combien fa fituation lui étoit pénible : car malgré la protection glorieufe & puiffante que la Couronne d'Efpagne lui accordoit, il témoigna être prêt à facrifier tous fes avantages perfonnels, pour accélérer la conclufion de la paix tant défirée. Il donna même par écrit une déclaration, dans laquelle il remettoit tous fes intérêts & tous les dons que Sa Majefté Catholique vouloit lui faire, au bon plaifir & à la difcrétion du Roi de France. Le Roi, en confidération des prieres de Sa Majefté Catholique, ufant de fa clémence royale, voulut bien recevoir le Prince de Condé en fes bonnes graces, lui pardonner tout ce qu'il avoit fait contre fon fervice, & trouver bon qu'il revînt dans le Royaume, & même à la Cour. Il fut en outre rétabli dans la libre poffeffion & jouiffance de tous fes biens, honneurs, dignités, & dans tous les priviléges de premier Prince du Sang. Cet article, qui avoit fur-tout fufpendu le fuccès des

conférences des Pyrénées, étant
consenti, la paix générale fut signée
& ratifiée. Le Prince de Condé re-
vint en France; mais il ne souffrit
pas qu'on lui déferât aucun honneur
public qu'il n'eut eu la consolation
de voir le Roi. Enfin, le 19 Janvier
il arriva à Aix où étoit la Cour. Le
Cardinal Mazarin le présenta à Louis
XIV, qui le reçut avec toutes les
démonstrations d'une bonté sincere
& d'une parfaite réconciliation; lui
disant fort obligeamment qu'il oublioit le passé, & qu'il lui accordoit son amitié.

Le Prince de Condé rendu à son
Roi & à sa patrie, ne parut plus
appliqué qu'à réparer par de nouveaux services les reproches qu'il
avoit mérités. Il déclaroit hautement « Que quand le Royaume
» renverseroit, il seroit toujours
» inébranlable dans son devoir ».
La mort du Roi d'Espagne, qui
arriva quatre ou cinq ans après la
conclusion de la paix, obligeant
Louis XIV de faire valoir les prétentions que la Reine son épouse
avoit sur le Brabant, il entra en

Flandres, & donna au Prince de Condé le commandement d'une armée, avec laquelle il soumit en peu de jours toute la Franche-Comté, qui fut restituée au Roi d'Espagne par le Traité d'Aix-la-Chapelle.

La guerre de Hollande lui fournit encore une nouvelle occasion de signaler son zèle pour le service du Roi, & d'augmenter l'éclat de ses vertus militaires. Il avoit sous lui un des trois corps d'armée avec lesquels Louis XIV pénétra dans les Provinces-Unies en 1672. Ce fut le Prince de Condé qui ouvrit l'avis du passage du Rhin si célébré dans nos histoires, & il eut une part bien périlleuse à l'exécution d'une entreprise aussi difficile. Plusieurs prétendent qu'il mit le comble à sa gloire par le gain de la bataille de Senef, donnée le 11 d'Août 1674. Cette victoire si vivement disputée, qui coûta la vie à une multitude prodigieuse d'Officiers & de soldats François, leur semble le chef-d'œuvre de l'habileté du Prince de Condé, & le plus grand effort de la supériorité de ce génie intrépide. D'autres au contraire penſent que le Prince dans cette bataille parut ſuivre plutôt l'ardeur bouillante de ſon courage, que les regles de la prudence & les ſentimens de l'humanité : auſſi la perte immenſe qu'il y fit indiſpoſa-t-elle beaucoup les Miniſtres de France contre lui. Cependant le Roi ne laiſſa pas de lui faire une réception fort obligeante, à ſon retour de cette campagne : car le Prince de Condé, que la goutte empêchoit de marcher aiſément, demandant pardon au Roi qui étoit au haut de l'eſcalier, de ce qu'il le faiſoit attendre trop long-temps ; le Roi lui répondit : « Mon Couſin, » ne vous preſſiez pas. Quand on » eſt chargé de lauriers comme vous » êtes, on ne ſauroit marcher ſi vîte. »

Le Prince de Condé commanda encore en Flandre l'année ſuivante 1675 ; mais il n'y reſta que quelques mois, & fut obligé de paſſer en Allemagne. Perſonne n'ignore le coup fatal qui enleva à la France le Maréchal de Turenne (*a*) le 27

(*a*) La comparaiſon que M. Boſſuet fait

Juillet 1675, & qui jetta la Cour & tout le Royaume dans une juste consternation. Le Roi ne crut pas pouvoir mieux rassurer l'armée d'Allemagne, & la mettre plus en état de faire tête aux Impériaux, qu'en y envoyant le Prince de Condé. Dès qu'il fut arrivé, il fit lever le siége d'Haguenau, que Montecuculli, Général si fameux & si consommé dans la guerre, avoit entrepris.

La campagne finie, le Prince de Condé quitta l'armée qu'il n'eut plus sous ses ordres, quoique la guerre d'Allemagne ait continué jusqu'en 1678. On fit courir le bruit que le Prince avoit demandé lui-même au Roi la permission de ne plus servir, à cause des infirmités auxquelles il devenoit sujet. Il est cependant plus vraisemblable que la jajousie des Ministres d'un côté, les prétentions du Prince de l'autre, &

---

de ce grand homme avec le Prince de Condé, dans l'Oraison funébre du dernier, est regardée, avec raison, comme un des plus beaux morceau de son Discours.

fur-tout fa conduite à Senef, où il avoit fait périr tant de monde, furent les principales raifons qui empêcherent qu'on ne le chargeât du commandement. Il demeura à la Cour, où il eut toujours fa place dans le Confeil ; mais fans avoir prefque aucune part dans les affaires, ni même aux délibérations. Enfin, la paix de Nimegue ayant été conclue le 17 Juillet 1679, le Prince de Condé choifit ce temps de calme pour prier le Roi de lui permettre de fe retirer à Chantilly, alléguant fon âge & fes incommodités.

La derniere maladie & la mort de la Ducheffe de Longueville, que Dieu appella à lui en 1679, le retinrent cependant encore quelque temps à Paris. Il conferva toujours une très-grande affeftion pour cette fœur, dont les mauvais confeils lui avoient fait faire tant de faux pas, mais dont l'éminente piété, qui avoit fuccédé à fes premiers égaremens, le pénétroit d'admiration. Auffi entretenoit-il avec elle des liaifons très-intimes. Plus il la voyoit, plus il en concevoit une haute idée ; & comme on s'avisa de dire un jour en sa préfence, « Que tous » les dévots étoient des gens fans efprit » ; ce Prince, d'un grand jugement & d'une merveilleufe naïveté, répondit : » Je ne fais pas trop » ce que c'eft que dévotion ; mais » je fais bien que ma fœur n'eft pas » une fotte ». Il fut très-affidu auprès d'elle pendant fa derniere maladie. Les regards pleins d'une tendreffe religieufe qu'elle jettoit fur lui, dans le defir qu'il fût rempli des fentimens dont elle étoit animée, le toucherent vivement. Le jour qu'elle mourut, le Prince de Condé vint encore la voir, & fe tint au pied du lit de la Princeffe, pendant que le Curé de Saint-Jacques lui parloit avec beaucoup d'onction pour exciter fa confiance. Tout-à-coup la malade fit un effort en étendant les bras, comme fi elle eût voulu s'élancer vers le Ciel. M. le Prince, frappé de ce fpectacle, s'écria dans l'inftant : « Ah, que je fuis touché ! » Sur quoi le Curé dit une parole qui faifoit tout-à-la-fois l'éloge du frere & de la fœur : « Monfeigneur, cela

» vous touche, parce que cela eſt
» vrai ».

Peu de temps après la mort de
la Ducheſſe, M. le Prince de Condé
exécuta le projet de retraite qu'il
avoit conçu. Il ſe renferma à Chantilly en 1680, pour ne plus ſe mêler des affaires publiques, & penſer
ſérieuſement à celle de ſon ſalut.
Quelque éloigné que fût une pareille
vie de l'agitation dans laquelle ce
Prince avoit vécu juſque-là, il n'y
fit pas moins paroître de grandeur
d'ame ; & l'on admira dans ſa conduite tous les traits d'un héroïſme
vraiment chrétien. Il s'occupa d'a-
bord à réparer & à embellir le
lieu de ſa ſolitude, & il en fit un
des plus magnifiques ſéjours. Son
génie fécond ſut ſe procurer mille
plaiſirs différens dans cette aimable
retraite. La lecture, pour laquelle
il eut toute ſa vie beaucoup de goût,
lui fit trouver les momens courts ;
& après avoir vaqué aux exercices
qu'il s'étoit preſcrits, ſon eſprit
prenoit des délaſſemens, auſſi utiles
qu'agréables, dans la ſociété des
ſavans en tout genre qu'il aſſem-

bloit autour de lui. Le lait fit fa nourriture la plus ordinaire, à caufe de la goutte dont il étoit toujours tourmenté : au moyen de ce régime il conferva jufqu'à la fin de fa vie une fanté affez vigoureufe, malgré fes incommodités.

Quoiqu'il eût en quelque forte oublié la Cour, il ne manquoit pas néanmoins d'y aller deux ou trois fois l'année, pour y rendre fes refpects au Roi. Plus il avançoit dans la piété, plus il redoubloit de foumiffion pour fon Prince ; & il avoit grand foin d'infpirer les mêmes fentimens au Duc d'Enguien fon fils, qu'il rappelloit fortement à fon devoir dans toutes les occafions où il pouvoit avoir de la répugnance à fe rendre aux volontés du Roi. Le Roi de fon côté lui donna des marques de bienveillance qui furent fort fenfibles au Prince, & dont il fe dédommagea, avec une générofité & une magnificence extraordinaires, dans la vifite que le Roi lui fit à Chantilly avec toute fa Cour, en 1685. Il s'épuifa à trouver des moyens pour exprimer au Roi fon refpect

& fa reconnoiſſance, & n'oublia
rien pour témoigner ſa libéralité
aux Courtiſans qui accompagnoient
Sa Majeſté.

Une des plus importantes occupations du Prince dans ſa retraite fut
de ſe préparer à acquérir une gloire
infiniment plus ſolide que celle qu'il
s'étoit procurée par tant d'actions
mémorables. Trop jaloux de ſon
ſalut pour attendre aux derniers
momens à ſe diſpoſer à rendre ſes
comptes au ſouverain Juge, il choi-
ſit un Confeſſeur à qui il ſe ſou-
mit avec autant de ſincérité que de
confiance. Ses infirmités le réduiſant
dans l'impuiſſance d'embraſſer de
grandes auſtérités corporelles, il
travailla à nourrir dans ſon ame
le ſacrifice d'un eſprit humilié &
d'un cœur contrit, par la lecture
des ſaintes Écritures, & par une
pratique fidelle de toutes les œuvres
de piété, de juſtice & de miſéricorde
qui convenoient à ſon état. Après
avoir donné le premier l'exemple
des vertus chrétiennes, il apportoit
tous ſes ſoins pour les faire aimer
de ceux qui étoient dans ſa dépen-

dance. Son zèle fut récompenſé, &
il eut la conſolation de voir que ſa
maiſon profitoit des leçons vivantes
qu'il lui ſourniſſoit dans ſa perſonne.
Senſible au malheur des Chrétiens
qui avoient été élevés dans l'héréſie,
il s'appliquoit lui-même à inſtruire
ceux de ſes gens qui n'avoient pas
encore quitté l'erreur ; & il le faiſoit
avec une ſupériorité, une netteté,
une force qui convainquoient l'eſprit ; avec une charité qui gagnoient
les cœurs.

C'eſt ainſi qu'il employa les dernieres années de ſa vie à gouverner
ſa famille, à édifier ſes domeſtiques
& à accomplir tous ſes devoirs.
Les maux aigus dont il fut éprouvé,
& qu'il ſouffrit avec beaucoup de
patience, contribuerent à le purifier,
& le conduiſirent par degrés au terme
de ſa carriere : mais pluſieurs événemens, très-pénibles à la tendreſſe
de ſon cœur, hâterent le progrès du
mal qui devoit lui donner la mort.
La nouvelle du danger où ſe trouvoit la Ducheſſe de Bourbon ſa
petite-fille, qu'il apprit être attaquée
de la petite-vérole à Fontainebleau,

commença à lui caufer une émotion qui eut de funeftes fuites. Sur le champ, il partit de Chantilly pour fe rendre auprès d'elle, & arriva affez tôt pour s'oppofer au Roi avec une hardieffe tendre & refpectueufe, & l'empêcher d'entrer dans la chambre de la Ducheffe.

Bientôt la maladie, dont il avoit au dedans de lui le principe, fe déclara ; & malgré fon indifpofition, il ne laiffoit pas de fe faire porter dans l'appartement de la Princeffe. A cette fecouffe en fuccéda une autre, bien capable de le faire fuccomber. Le Roi lui-même tomba malade ; & le vif attachement que le Prince avoit pour fa perfonne facrée, en redoublant fes craintes & fes agitations, aigrit beaucoup fon mal. Son zèle pour Sa Majefté fit que, s'oubliant lui-même, il ordonna au Duc d'Enguien fon fils de demeurer auprès d'elle, quoique ce Prince fût lui-même déja très-inquiet de l'état de fon pere. Infenfiblement la maladie du Prince de Condé augmenta au point qu'on commença à appréhender pour fa vie. Alors le

Duc d'Enguien qui avoit obéi fort exactement à l'ordre du Prince son pere, & qui, pour suivre ses intentions, étoit retourné deux ou trois fois de Fontainebleau à Versailles, ayant fait de nouvelles instances pour se rapprocher de lui, le Prince de Condé répondit, « Qu'il » ne doutoit pas du desir que son » fils avoit d'être auprès de lui, & » qu'il auroit lui-même beaucoup » de joie de le voir : mais, ajouta- » t-il, il faut que nous sacrifiions » lui & moi notre propre satis- » faction à nos devoirs. Qu'il de- » meure à la Cour : quand il faudra » qu'il se rende ici, je le lui ferai » savoir : ce sera peut-être plutôt » que lui & moi ne le voudrions ». En même temps il serra en soupirant la main de celui à qui il parloit.

On ne tarda pas à voir que l'attachement à la vie n'étoit pas le principal motif de l'attendrissement qu'il témoignoit; car son Médecin étant entré quelques momens après, & lui ayant déclaré qu'il trouvoit son pouls fort mauvais : « N'y a- » t-il pas de danger, repartit le

» Prince ? ne le diſſimulez pas » :
& le Médecin lui ayant répondu
que, puiſqu'il lui commandoit de
s'expliquer avec liberté il croyoit
à propos de ſonger aux Sacremens :
« Voilà parler », reprit le Prince
ſans s'émouvoir. Après être demeuré
quelques momens en ſilence : » O
» mon Dieu, s'écria-t-il, que votre
» volonté ſoit faite. Je me jette
» entre vos bras : donnez-moi la
» grace de bien mourir ». En même
temps il demanda qu'on fît avertir
ſon Confeſſeur. Il ordonna auſſi
qu'on appelât la Ducheſſe d'Enguien
qui étoit dans la plus grande conf-
ternation, & lui dit de faire venir
en toute diligence le Duc d'Enguien
ſon fils, & le Prince de Conty ſon
neveu, qui étoit exilé à Chantilly.
Et conſervant toujours une préſence
d'eſprit & une tranquillité admirables, il ſe fit apporter une plume
& du papier, écrivit de ſa propre
main une page entiere qu'il donna
à lire à la Ducheſſe, & qu'il fit
cacheter pour être remiſe au Duc
d'Enguien, lors de ſon décès.

Le Prince, après avoir donné

ordre aux affaires de sa maison, avoir laissé à tous ses domestiques, sans en excepter un seul, des marques de sa bonté, fait des legs aux pauvres, & enjoint de bâtir une Eglise, pour servir de Paroisse à Chantilly, voulut dans la soirée écrire au Roi. Mais étant trop foible pour tenir la plume, il dicta une longue lettre pleine de sentimens de respect, de reconnoissance, & de regret de s'être écarté, dans le milieu de sa vie, du zèle & de la fidélité qu'il avoit montrés d'abord pour le service du Roi & de l'Etat; remerciant ensuite Sa Majesté du pardon qu'elle lui avoit accordé, il la prioit, dans les termes les plus pressans, de vouloir bien rendre l'honneur de ses bonnes graces au Prince de Conty. Le Prince de Condé signa cette lettre, & commanda qu'on la tînt prête pour l'envoyer à l'heure qu'il jugeroit à propos, & il acheva de régler ses affaires domestiques.

La maniere dont ce Prince s'acquitta des devoirs de la Religion, n'est pas moins édifiante. Il fit une confession générale avec beaucoup

de

de douleur, d'humilité & de confiance. Il ne négligea rien pour réparer le mal qu'il avoit pu faire ou caufer aux autres. Comme il n'avoit pas la force de s'expliquer lui-même, il chargea fon Confeffeur, en préfence du faint Sacrement, de demander pour lui pardon aux affiftans, à fes domeftiques & à fes amis, des fcandales qu'il leur avoit donnés par fa conduite. C'eft dans ces difpofitions de foi & de pénitence, qu'il reçut l'Extrême-Onction & le faint Viatique. Il embraffa la croix avec de vifs fentimens d'amour, en fuppliant Jefus-Chrift que fon fang répandu pour lui ne le fût pas inutilement. Il fe fit réciter trois fois les prieres des agonifans, dans lefquelles il trouvoit toujours de nouvelles confolations. Les Pfeaumes, qu'il avoit fans ceffe à la bouche, fixoient toutes les penfées de fon efprit vers les biens céleftes, & produifoient en lui ces pieux gémiffemens & ces faints tranfports qui préparent l'ame à jouir de fon Dieu. Détaché de ce corps qui alloit fe diffoudre,

il ne voulut plus que les foins de
fa confervation puffent le diſtraire
de l'attention qu'il donnoit aux
exhortations des Eccléfiaftiques qui
étoient auprès de lui, & dont il
dit, en congédiant fes Médecins :
« Voilà maintenant mes vrais Mé-
» decins ». Plus il avançoit vers
la mort, plus il s'animoit intérieu-
rement par la contemplation des
vérités éternelles, qui fembloient
fe montrer à lui dans toute leur
clarté. « Je reconnois, difoit-il,
» maintenant, mieux que jamais,
» qu'il faut être homme de bien
» pendant fa vie, & qu'il n'y a que
» cela de folide ».

A une heure après minuit, le 11
Décembre, il fe trouva plus mal,
& fentit toutes les approches de la
mort. Le Duc d'Enguien arriva fur
les fix heures du matin, & apprit
au Prince fon pere, que le Roi en
fa confidération venoit de pardonner
au Prince de Conty. M. le Prince,
très-fenfible à une grace qu'il défiroit ardemment, fit ouvrir la lettre
qu'il avoit préparée pour le Roi,
& ajouter « Qu'il s'eftimoit heureux

» d'avoir encore affez de vie pour
» remercier Sa Majefté ; & qu'il
» mourroit content, fi elle vouloit
» bien lui faire la juftice de croire
» que perfonne n'avoit pour elle
» des fentimens fi remplis de refpect,
» de dévouement, & s'il l'ofoit
» dire, de tendreffe ».

Le dernier entretien que le Prince mourant eut avec le Duc d'Enguien, ne fut qu'une effufion de fon cœur paternel : il lui parla des difpofitions qui regardoient fa confcience, & le chargea de les exécuter, en difant qu'il n'étoit pas befoin de rien écrire, & qu'il étoit affuré de la fidélité du Duc à remplir fes intentions. Il fit enfuite avancer la Ducheffe d'Enguien, & dit à l'un & à l'autre les chofes les plus touchantes fur la conduite qu'ils étoient obligés de tenir à l'égard de Dieu, du Roi & de leurs enfans, fur l'union qu'il défiroit qui fût entre eux, & fur la maniere dont ils devoient agir avec leurs amis, leurs domeftiques & toute forte de perfonnes. Il finit en les embraffant, & leur donna fa bénédiction pour eux & pour leurs enfans. Vers les onze heures & demie le Prince de Conty arriva à Fontainebleau : le Prince, qui l'aimoit comme son enfant, le tenant entre ses bras avec le Duc d'Enguien, les exhorta à s'aimer sincerement & sans affectation, & leur dit avec fermeté, « Qu'ils ne seroient jamais ni grands » hommes, ni grands Princes, qu'au- » tant qu'ils seroient gens de bien, » fideles à Dieu & au Roi ».

Quelques momens avant sa mort, son Confesseur l'ayant invité à réciter ces paroles de David : « O Dieu, » créez en moi un cœur pur », il demeura quelques momens comme occupé de la vue d'un objet ; puis il prononça ces paroles : « Je n'ai » jamais douté des Mysteres de la » Religion, quoi qu'on ait dit ; mais » j'en doute moins que jamais. » Que ces vérités, ajouta-t-il, se » démêlent & s'éclaircissent dans » mon esprit ! Oui, nous verrons » Dieu comme il est, face à face ». Ce qu'il répéta encore en latin : *Facie ad faciem*, avec un religieux transport. Enfin, épuisé par la vio-

lence du mal, il mourut à Fontainebleau fur les fept heures du foir,
le 11 Décembre, âgé de foixante-
cinq ans & trois mois. Le Prince
étoit à l'agonie, quand le Roi reçut fa lettre qu'il fe fit lire : &
attendri de la fincérité avec laquelle
il condamnoit la conduite qu'il avoit
tenue dans le milieu de fa vie, il
laiffa couler des larmes, & dit tout
haut, « Qu'il perdoit un grand
» Prince ».

ORAISON FUNÉBRE

D E

LOUIS DE BOURBON.

PRINCE DE CONDÉ,

PREMIER PRINCE DU SANG.

Prononcée le 10 Mars 1687.

Ses mémorables exploits devant Ro-
croy & dans ses différentes cam-
pagnes. Guerres malheureuses dans
lesquelles il fut entraîné lorsqu'il
sortit de prison. Regret sincere qu'il
eut de ses fautes. Parallele de ce
Prince avec le Maréchal de Turenne.
Sa vie édifiante & pleine de cha-
rité. Sentimens extraordinaires de
foi, de religion & de pénitence,
qu'il fit paroître dans sa derniere

maladie. Leçons qu'il fournit à tous par son exemple.

Dominus tecum, virorum fortissime.... Vade in hac fortitudine tua.... Ego ero tecum.

Le Seigneur est avec vous, ô le plus courageux de tous les hommes. Allez avec ce courage dont vous êtes rempli. Je serai avec vous. Juges, VI, 12, 14, 16.

MONSEIGNEUR, (a)

Au moment que j'ouvre la bouche pour célébrer la gloire immortelle de Louis de Bourbon Prince de Condé, je me sens également confondu, & par la grandeur du sujet, & s'il m'est permis de l'avouer, par l'inutilité du travail. Quelle partie du monde habitable n'a pas ouï les victoires du Prince de Condé, & les merveilles de sa vie? On les raconte par-tout : le François qui les vante, n'apprend rien à l'étranger; & quoi que je puisse aujourd'hui vous en rapporter, toujours prévenu par vos pensées,

---

(a) M. le Prince.

j'aurai encore à répondre au secret reproche que vous me ferez d'être demeuré beaucoup au dessous. Nous ne pouvons rien, foibles Orateurs, pour la gloire des ames extraordinaires. Le Sage a raison de dire que (*a*) « Leurs seules actions les » peuvent louer » : toute autre louange languit auprès des grands noms ; & la seule simplicité d'un récit fidele pourroit soutenir la gloire du Prince de Condé. Mais en attendant que l'histoire, qui doit ce récit aux siecles futurs, le fasse paroître, il faut satisfaire, comme nous pourrons, à la reconnoissance publique, & aux ordres du plus grand de tous les Rois.

Que ne doit point le Royaume à un Prince qui a honoré la Maison de France, tout le nom François, son siecle, &, pour ainsi dire, l'humanité toute entiere ? Louis le Grand est entré lui-même dans ces sentimens. Après avoir pleuré ce grand homme, & lui avoir

______

(*a*) Laudent eam in portis opera ejus. *Prov. XXXI*, 31.

donné par fes larmes, au milieu
de touté fa Cour, le plus glorieux
éloge qu'il pût recevoir il affemble
dans un Temple fi célebre, ce que
fon Royaume a de plus augufte,
pour y rendre des devoirs publics
à la mémoire de ce Prince ; & il
veut que ma foible voix anime
toutes ces triftes repréfentations,
& tout cet appareil funébre. Faifons donc cet effort fur notre douleur.

Ici un plus grand objet, & plus
digne de cette Chaire, fe préfente
à ma penfée. C'eft Dieu qui fait
les Guerriers & les Conquérans.
« C'eft vous, lui difoit David (a),
» qui avez inftruit mes mains à
» combattre, & mes doigts à tenir
» l'épée ». S'il infpire le courage,
il ne donne pas moins les autres
grandes qualités naturelles & furnaturelles, & du cœur & de l'efprit.
Tout part de fa puiffante main :
c'eft lui qui envoie du ciel les

____

(a) Benedictus Dominus Deus meus, qui
docet manus meas ad prælium, & digitos
meos ad bellum. *Pf. CXLIII*, 1.

G v

généreux fentimens, les fages confeils, & toutes les bonnes penfées. Mais il veut que nous fachions diftinguer entre les dons qu'il abandonne à fes ennemis, & ceux qu'il réferve à fes ferviteurs. Ce qui diftingue fes amis d'avec tous les autres, c'eft la piété : jufqu'à ce qu'on ait reçu ce don du ciel, tous les autres non-feulement ne font rien, mais encore tournent en ruine à ceux qui en font ornés. Sans ce don ineftimable de la piété, que feroit-ce que le Prince de Condé avec tout ce grand cœur & ce grand génie ? Non, mes Freres, fi la piété n'avoit comme confacré fes autres vertus, ni ces Princes ne trouveroient aucun adouciffement à leur douleur, ni ce religieux Pontife aucune confiance dans fes prieres, ni moi - même aucun foutien aux louanges que je dois à un fi grand homme.

Pouffons donc à bout la gloire humaine par cet exemple : détruifons l'idole des ambitieux : qu'elle tombe anéantie devant ces Autels. Mettons enfemble aujourd'hui, car nous le pouvons dans un fi noble

fujet, toutes les plus belles qualités d'une excellente nature; &, à
la gloire de la vérité, montrons
dans un Prince admiré de tout
l'Univers, que ce qui fait les héros,
ce qui porte la gloire du monde
jufqu'au comble, valeur, magnani-
mité, bonté naturelle; voilà pour
le cœur : vivacité, pénétration,
grandeur & fublimité de génie;
voilà pour l'efprit : ne feroient
qu'une illufion, fi la piété ne s'y
étoit jointe : & enfin, que la piété
eft le tout de l'homme. C'eft, Meffieurs, ce que vous verrez dans
la vie éternellement mémorable de
Très-Haut et Très-Puissant
Prince Louis de Bourbon, Prince
de Condé, Premier Prince du
Sang.

Dieu nous a révélé que lui feul
il fait les Conquérans, & que feul
il les fait fervir à fes deffeins. Quel
autre a fait un Cyrus, fi ce n'eft
Dieu, qui l'avoit nommé deux cents
ans avant fa naiffance dans les oracles d'Ifaïe? Tu n'es pas encore,

lui difoit-il, (*a*) « Mais je te vois, » & je t'ai nommé par ton nom : » tu t'appelleras Cyrus. Je marcherai devant toi dans les combats : à ton approche je mettrai les Rois en fuite, je briferai les portes d'airain. C'eft moi qui » étends les cieux, qui foutiens la » terre, qui nomme ce qui n'eft » pas comme ce qui eft » : c'eft-à-dire, c'eft moi qui fais tout, & moi qui vois dès l'éternité tout ce que je fais. Quel autre a pu former un Alexandre, fi ce n'eft ce même Dieu, qui en a fait voir de fi loin, & par des figures fi vives, l'ardeur indomptable, à fon Prophete Daniel? Le voyez-vous, dit-il, ce

---

(*a*) Hæc dicit Dominus chrifto meo Cyro, cujus apprehendi dexteram.... Ego ante te ibo, & gloriofos terræ humiliabo : portas æreas conteram, & vectes ferreos confringam...; ut fcias quia ego Dominus, qui voco nomen tuum.... Vocavi te nomine tuo.... Accinxi te, & non cognovifti me... Ego Dominus, & non eft alter, formans lucem, & creans tenebras, faciens pacem, & creans malum : ego Dominus faciens omnia hæc. &c. *If. XLV*, 1, 2, 3, & *feq.*

conquérant ; avec quelle rapidité (a)
« Il s'éleve de l'Occident comme
» par bonds , & ne touche pas à
» terre » ? Semblable dans ses sauts
hardis , & dans sa légere démarche
à ces animaux vigoureux & bon-
dissans , il ne s'avance que par
vives & impétueuses saillies , &
n'est arrêté ni par montagnes ni par
précipices. Déja le Roi de Perse est entre ses mains : (b) « A sa vue il s'est
» animé » : *Efferatus est in eum* , dit le
Prophete : « Il l'abat , il le foule aux
» pieds : nul ne le peut défendre des
» coups qu'il lui porte , ni lui arra-
» cher sa proie ».

A n'entendre que ces paroles de
Daniel , qui croiriez-vous voir , Messieurs , sous cette figure ? Alexandre ,
ou le Prince de Condé ? Dieu

(a) Veniebat ab Occidente super faciem
totius terræ , & non tangebat terram. *Dan.*
VIII , 5.

(b) Cucurrit ad eum in impetu fortitudi-
nis suæ : cùmque appropinquasset prope arie-
tem , efferatus est in eum , & percussit arie-
tem.... ; cùmque eum misisset in terram ,
conculcavit , & nemo quibat liberare de manu
ejus. *Ibid.* 6, 7, 20.

donc lui avoit donné cette indomptable valeur pour le salut de
la France, durant la minorité d'un
Roi de quatre ans. Laissez-le croître ce Roi chéri du ciel, tout cédera à ses exploits : supérieur aux
siens comme aux ennemis, il saura
tantôt se servir, tantôt se passer de
ses plus fameux Capitaines ; & seul
sous la main de Dieu, qui sera continuellement à son secours, on le
verra l'assuré rempart de ses Etats.
Mais Dieu avoit choisi le Duc d'Enguien pour le défendre dans son
enfance. Aussi vers les premiers
jours de son regne, à l'age de vingt-
deux ans, le Duc conçut un dessein, où les vieillards expérimentés
ne purent atteindre ; mais la victoire le justifia devant Rocroy.
L'armée ennemie est plus forte, il
est vrai ; elle est composée de ces
vieilles bandes Vallones, Italiennes
& Espagnoles, qu'on n'avoit pu
rompre jusqu'alors. Mais pour combien falloit-il compter le courage
qu'inspiroit à nos troupes le besoin
pressant de l'Etat, les avantages
passés, & un jeune Prince du Sang

qui portoit la victoire dans ſes yeux ? Dom Franciſco de Mellos l'attend de pied ferme ; & ſans pouvoir reculer, le deux Généraux & les deux armées ſemblent avoir voulu ſe renfermer dans des bois & dans des marais, pour décider leur querelle, comme deux braves en champ clos. Alors, que ne vit-on pas ? Le jeune Prince parut un autre homme. Touchée d'un ſi digne objet, ſa grande ame ſe déclara toute entiere : ſon courage croiſſoit avec les périls, & ſes lumieres avec ſon ardeur.

A la nuit qu'il fallut paſſer en préſence des ennemis, comme un vigilant Capitaine il repoſa le dernier ; mais jamais il ne repoſa plus paiſiblement. A la veille d'un ſi grand jour, & dès la premiere bataille, il eſt tranquille ; tant il ſe trouve dans ſon naturel : & on ſait que le lendemain, à l'heure marquée, il fallut réveiller d'un profond ſommeil cet autre Alexandre. Le voyez-vous comme il vole, ou à la victoire, ou à la mort ? Auſſi-tôt qu'il eut porté de rang en rang l'ardeur dont il étoit animé, on le vit presque en même-temps pousser l'aîle droite des ennemis, soutenir la nôtre ébranlée, rallier les François à demi-vaincus, mettre en fuite l'Espagnol victorieux, porter par-tout la terreur, & étonner de ses regards étincelans ceux qui échappoient à ses coups.

Restoit cette redoutable Infanterie de l'armée d'Espagne, dont les gros bataillons ferrés, femblables à autant de tours, mais à des tours qui fauroient réparer leurs brêches, demeuroient inébranlables au milieu de tout le refte en déroute, & lançoient des feux de toutes parts. Trois fois le jeune vainqueur s'efforça de rompre ces intrépides combattans, trois fois il fut repouffé par le valeureux Comte de Fontaines, qu'on voyoit porté dans fa chaife, &, malgré fes infirmités, montrer qu'une ame guerriere eft maîtreffe du corps qu'elle anime. Mais enfin il faut céder. C'eft en vain qu'à travers des bois avec fa Cavalerie toute fraîche, Bek précipite fa marche pour tomber fur nos soldats épuisés. Le Prince l'a prévenu : les bataillons enfoncés demandent quartier ; mais la victoire va devenir plus terrible pour le Duc d'Enguien que le combat. Pendant qu'avec un air assuré il s'avance pour recevoir la parole de ces braves gens, ceux-ci toujours en garde craignent la surprise de quelque nouvelle attaque. Leur effroyable décharge met les nôtres en furie ; on ne voit plus que carnage : le sang enivre le soldat, jusqu'à ce que le grand Prince, qui ne put voir égorger ces lions comme de timides brebis, calma les courages émus, & joignit au plaisir de vaincre celui de pardonner.

Quel fut alors l'étonnement de ces vieilles troupes, & de leurs braves Officiers, lorsqu'ils virent qu'il n'y avoit plus de salut pour eux qu'entre les bras du vainqueur ? De quels yeux regarderent-ils le jeune Prince, dont la victoire avoit relevé la haute contenance, à qui la clémence ajoutoit de nouvelles graces ? Qu'il eût encore volontiers sauvé la vie au brave Comte de

Fontaines ! Mais il se trouva par terre, parmi ces milliers de morts dont l'Espagne sent encore la perte. Elle ne savoit pas que le Prince, qui lui fit perdre tant de ses vieux régimens à la journée de Rocroy, en devoit achever les restes dans les plaines de Lens. Ainsi la premiere victoire fut le gage de beaucoup d'autres.

Le Prince fléchit le genou, & dans le champ de bataille il rend au Dieu des armées la gloire qu'il lui envoyoit. Là, on célébra Rocroy délivré, les menaces d'un redoutable ennemi tournées à sa honte, la Régence affermie, la France en repos, & un regne qui devoit être si beau, commencé par un si heureux présage. L'armée commença l'action de graces : toute la France suivit ; on y élevoit jusqu'au ciel le coup d'essai du Duc d'Enguien. C'en seroit assez pour illustrer une autre vie que la sienne ; mais pour lui, c'est le premier pas de sa course.

Dès cette premiere campagne, après la prise de Thionville, digne prix de la victoire de Rocroy, il paſſa pour un Capitaine également redoutable dans les ſiéges & dans les batailles. Mais voici dans un jeune Prince victorieux, quelque choſe qui n'eſt pas moins beau que la victoire. La Cour qui lui préparoit à ſon arrivée les applaudiſſemens qu'il méritoit, fut ſurpriſe de la maniere dont il les reçut. La Reine Régente lui a témoigné que le Roi étoit content de ſes ſervices : c'eſt dans la bouche du Souverain la digne récompenſe de ſes travaux. Si les autres oſoient le louer, il repouſſoit leurs louanges comme des offenſes; & indocile à la flatterie, il en craignoit juſqu'à l'apparence. Telle étoit la délicateſſe, ou plutôt telle étoit la ſolidité de ce Prince. Auſſi avoit-il pour maxime (écoutez, c'eſt la maxime qui fait les grands hommes), que dans les grandes actions il faut uniquement ſonger à bien faire, & laiſſer venir la gloire après la vertu. C'eſt ce qu'il inſpiroit aux autres; c'eſt ce qu'il ſuivoit lui-même. Ainſi la fauſſe gloire ne le tentoit pas :

tout tendoit au vrai & au grand. Delà vient qu'il mettoit sa gloire dans le service du Roi, & dans le bonheur de l'Etat : c'étoit-là le fond de son cœur ; c'étoient ses premieres & ses plus cheres inclinations.

La Cour ne le retint guere, quoiqu'il en fût la merveille. Il falloit montrer par-tout , & à l'Allemagne comme à la Flandre , le défenseur intrépide que Dieu nous donnoit. Arrêtez ici vos regards. Il se prépare contre le Prince quelque chose de plus formidable qu'à Rocroy ; & pour éprouver sa vertu, la guerre va épuiser toutes ses inventions & tous ses efforts. Quel objet se presente à mes yeux ? Ce n'est pas seulement des hommes à combattre, c'est des montagnes inaccessibles ; c'est des ravines & des précipices d'un côté ; c'est de l'autre un bois impénétrable, dont le fond est un marais ; & derriere des ruisseaux, de prodigieux retranchemens : c'est par-tout des forts élevés, & des forêts abattues, qui traversent des chemins affreux : &

au-dedans, c'est Merci avec ses braves Bavarois enflés de tant de succès & de la prise de Fribourg ; Merci qu'on ne vit jamais reculer dans les combats ; Merci, que le Prince de Condé & le vigilant Turenne n'ont jamais surpris dans un mouvement irrégulier, & à qui ils ont rendu ce grand témoignage, que jamais il n'avoit perdu un seul moment favorable, ni manqué de prévenir leurs desseins, comme s'il eût assisté à leurs conseils. Ici donc durant huit jours, & à quatre attaques différentes, on vit tout ce qu'on peut soutenir & entreprendre à la guerre.

Nos troupes semblent rebutées autant par la résistance des ennemis que par l'effroyable disposition des lieux ; & le Prince se vit quelque temps comme abandonné. Mais comme un autre Machabée, (a) « Son bras ne l'abandonna pas ; » & son courage irrité par tant

____

(a) Salvavit mihi brachium meum, & indignatio mea ipsa auxiliata est mihi. *If. LXIII, 5.*

» de périls, vint à son secours ». On ne l'eut pas plutôt vu pied à terre forcer le premier ces inacessibles hauteurs, que son ardeur entraîna tout après elle. Merci voit sa perte assurée : ses meilleurs régimens sont défaits : la nuit sauve les restes de son armée. Mais que des pluies excessives s'y joignent encore, afin que nous ayons à la fois, avec tout le courage & tout l'art, toute la nature à combattre : quelque avantage que prenne un ennemi habile autant que hardi, & dans quelque affreuse montagne qu'il se retranche de nouveau ; poussé de tous côtés, il faut qu'il laisse en proie au Duc d'Enguien, non-seulement son canon & son bagage, mais encore tous les environs du Rhin. Voyez comme tout s'ébranle. Philisbourg est aux abois en dix jours, malgré l'hiver qui approche : Philisbourg qui tint si long-temps le Rhin captif sous nos loix, & dont le plus grand des Rois a si glorieusement réparé la perte. Vormes, Spire, Mayence, Landeau, vingt autres Places de nom ouvrent leurs portes.

Merci ne les peut défendre, & ne paroît plus devant son vainqueur : ce n'est pas assez, il faut qu'il tombe à ses pieds, digne victime de sa valeur. Nordlingue en verra la chûte : il y sera décidé qu'on ne tient non plus devant les François en Allemagne qu'en Flandre ; & on devra tous ces avantages au même Prince. Dieu, protecteur de la France & d'un Roi qu'il a destiné à ses grands ouvrages, l'ordonne ainsi.

Par ces ordres, tout paroissoit sûr sous la conduite du Duc d'Enguien ; & sans vouloir ici achever le jour à vous marquer seulement ses autres exploits, vous savez parmi tant de fortes Places attaquées, qu'il n'y en eut qu'une seule qui put échapper à ses mains ; encore releva-t-elle la gloire du Prince. L'Europe qui admiroit la divine ardeur dont il étoit animé dans les combats, s'étonna qu'il en fût le maître, &, dès l'âge de vingt-six ans, aussi capable de ménager ses troupes, que de les pousser dans les hasards, & de céder à la fortune, que de la faire servir à ses desseins. Nous le vîmes partout ailleurs comme un de ces hommes extraordinaires qui forcent tous les obstacles. La promptitude de son action ne donnoit pas le loisir de la traverser. C'est-là le caractere des Conquérans. Lorsque David, un si grand guerrier, déplora la mort de deux fameux Capitaines qu'on venoit de perdre, il leur donna cet éloge : (a) « Plus vîtes » que les aigles, plus courageux que » les lions ». C'est l'image du Prince que nous regrettons. Il paroît en un moment comme un éclair dans les pays les plus éloignés. On le voit en même-temps à toutes les attaques, à tous les quartiers. Lorsqu'occupé d'un côté, il envoie reconnoître l'autre, le diligent Officier qui porte ses ordres, s'étonne d'être prévenu, & trouve déja tout ranimé par la présence du Prince. Il semble qu'il se multiplie dans une action : ni le fer, ni le feu ne l'ar-

____

(a) Aquilis velociores, leonibus fortiores. II. Reg. I, 23.

rêtent.

rêtent. Il n'a pas besoin d'armer cette tête qu'il expose à tant de périls : Dieu lui est une armure plus assurée : les coups semblent perdre leur force en l'approchant, & laisser seulement sur lui des marques de son courage & de la protection du ciel. Ne lui dites pas que la vie d'un premier Prince du Sang, si nécessaire à l'Etat, doit être épargnée : il répond qu'un Prince du Sang, plus intéressé par sa naissance à la gloire du Roi & de la Couronne, doit, dans le besoin de l'Etat, être dévoué plus que tous les autres pour en relever l'éclat.

Après avoir fait sentir aux ennemis, durant tant d'années, l'invincible puissance du Roi ; s'il fallut agir au-dedans pour la soutenir, je dirai tout en un mot, il fit respecter la Régence : & puisqu'il faut une fois parler de ces choses dont je voudrois pouvoir me taire éternellement ; jusqu'à cette fatale prison, il n'avoit pas seulement songé qu'on pût rien attenter contre l'Etat, & dans son plus grand crédit, s'il souhaitoit d'obtenir des graces, il

souhaitoit encore plus de les mériter. C'est ce qui lui faisoit dire :
je puis bien ici répéter devant ces
Autels les paroles que j'ai recueillies
de sa bouche, puisqu'elles marquent
si bien le fond de son cœur : il
disoit donc, en parlant de cette prison malheureuse, qu'il y étoit entré
le plus innocent de tous les hommes,
& qu'il en étoit sorti le plus coupable. « Hélas ! poursuivoit-il, je ne
» respirois que le service du Roi,
» & la grandeur de l'Etat ». On
ressentoit dans ses paroles un regret
sincere d'avoir été poussé si loin
par ses malheurs. Mais sans vouloir
excuser ce qu'il a si hautement condamné lui-même ; disons, pour n'en
parler jamais, que comme dans la
gloire éternelle les fautes des saints
Pénitens, couvertes de ce qu'ils ont
fait pour les réparer, & de l'éclat
infini de la divine miséricorde, ne
paroissent plus ; ainsi dans des fautes
si sincérement reconnues, & dans
la suite si glorieusement réparées
par de fideles services, il ne faut
plus regarder que l'humble reconnoissance du Prince qui s'en repentit,

& la clémence du grand Roi qui les oublia.

Que s'il est enfin entraîné dans ces guerres infortunées, il y aura du moins cette gloire, de n'avoir pas laissé avilir la grandeur de sa Maison chez les étrangers. Malgré la majesté de l'Empire, malgré la fierté d'Autriche, & les Couronnes héréditaires attachées à cette Maison, même dans la branche qui domine en Allemagne ; réfugié à Namur, soutenu de son seul courage & de sa seule réputation, il porta si loin les avantages d'un Prince de France, & de la premiere Maison de l'Univers, que tout ce qu'on put obtenir de lui, fut qu'il consentît de traiter d'égal avec l'Archiduc, quoique frere de l'Empereur, & fils de tant d'Empereurs ; à condition qu'en lieu tiers, ce Prince feroit les honneurs des Pays-Bas. Le même traitement fut assuré au Duc d'Enguien ; & la Maison de France garda son rang sur celle d'Autriche, jusque dans Bruxelles. Mais voyez ce que fait faire un vrai courage. Pendant que le Prince se soutenoit ſi hautement avec l'Archiduc qui dominoit, il rendoit au Roi d'Angleterre & au Duc d'Yorck, maintenant un Roi ſi fameux, malheureux alors, tous les honneurs qui leur étoient dûs ; & il apprit enfin à l'Eſpagne trop dédaigneuſe, quelle étoit cette majeſté que la mauvaiſe fortune ne pouvoit ravir à de ſi grands Princes.

Le reſte de ſa conduite ne fut pas moins grand. Parmi les difficultés que ſes intérêts apportoient au traité des Pyrénées, écoutez quels furent ſes ordres ; & voyez ſi jamais un particulier traita ſi noblement ſes intérêts. Il mande à ſes agens dans la conférence, qu'il n'eſt pas juſte que la paix de la Chrétienté ſoit retardée davantage à ſa conſidération : qu'on ait ſoin de ſes amis ; & pour lui, qu'on lui laiſſe ſuivre ſa fortune. Ah ! quelle grande victime ſe ſacrifie au bien public ! Mais quand les choſes changerent, & que l'Eſpagne lui voulut donner ou Cambrai & ſes environs, ou le Luxembourg en pleine ſouveraineté ; il déclara qu'il préféroit à ces avantages, & à tout ce qu'on pouvoit jamais lui accorder de plus grand : quoi ? son devoir & les bonnes graces du Roi. C'est ce qu'il avoit toujours dans le cœur : c'est ce qu'il répétoit sans cesse au Duc d'Enguien. Le voilà dans son naturel. La France le vit alors accompli par ces derniers traits, & avec ce je ne sais quoi d'achevé, que les malheurs ajoutent aux grandes vertus : elle le revit dévoué plus que jamais à l'Etat & à son Roi. Mais dans ses premieres guerres, il n'avoit qu'une seule vie à lui offrir : maintenant il en a une autre, qui lui est plus chere que la sienne.

Après avoir, à son exemple, glorieusement achevé le cours de ses études, le Duc d'Enguien est prêt à le suivre dans les combats. Non content de lui enseigner la guerre, comme il a fait jusqu'à la fin par ses discours, le Prince le mene aux leçons vivantes & à la pratique. Laissons le passage du Rhin, le prodige de notre siecle, & de la vie de Louis le grand. A la journée de Senef, le jeune Duc, quoiqu'il commandât, comme il avoit déja fait en d'autres campagnes, vient dans les plus rudes épreuves apprendre la guerre aux côtés du Prince son pere. Au milieu de tant de périls, il voit ce grand Prince renversé dans un fossé sous un cheval tout en sang. Pendant qu'il lui offre le sien, & s'occupe à relever le Prince abattu, il est blessé entre les bras d'un pere si tendre, sans interrompre ses soins, ravi de satisfaire à la fois à la piété & à la gloire. Que pouvoit penser le Prince, si ce n'est que pour accomplir les plus grandes choses, rien ne manqueroit à ce digne fils que les occasions ? Et ses tendresses se redoubloient avec son estime.

Ce n'étoit pas seulement pour un fils, ni pour sa famille qu'il avoit des sentimens si tendres. Je l'ai vu, & ne croyez pas que j'use ici d'exagération, je l'ai vu vivement ému des périls de ses amis : je l'ai vu simple & naturel, changer de visage au récit de leurs infortunes, entrer avec eux dans les moindres choses comme dans les

plus importantes; dans les accom-
modemens calmer les esprits aigris,
avec une patience & une douceur
qu'on n'auroit jamais attendue d'une
humeur si vive, ni d'une si haute
élévation. Loin de nous les Héros
sans humanité. Ils pourront bien
forcer les respects, & ravir l'admiration, comme font tous les objets
extraordinaires; mais ils n'auront pas
les cœurs.

Lorsque Dieu forma le cœur &
les entrailles de l'homme, il y mit
premiérement la bonté comme le
propre caractere de la nature divine, & pour être comme la marque de cette main bienfaisante dont
nous sortons. La bonté devoit donc
faire comme le fonds de notre
cœur, & devoit être en même-temps
le premier attrait que nous aurions
en nous-mêmes pour gagner les
autres hommes. La grandeur qui
vient par-dessus, loin d'affoiblir la
bonté, n'est faite que pour l'aider
à se communiquer davantage, comme
une fontaine publique qu'on éleve
pour la répandre. Les cœurs sont
à ce prix; & les grands dont la

bonté n'eſt pas le partage, par une juſte punition de leur dédaigneuſe inſenſibilité , demeureront privés éternellement du plus grand bien de la vie humaine, c'eſt-à-dire, des douceurs de la ſociété. Jamais homme ne les goûta mieux que le Prince dont nous parlons : jamais homme ne craignit moins que la familiarité bleſſât le reſpect. Eſt-ce-là celui qui forçoit les Villes, & qui gagnoit les batailles? Quoi, il ſemble avoir oublié ce haut rang qu'on lui a vu ſi bien défendre ! Reconnoiſſez le Héros, qui toujours égal à lui-même, ſans ſe hauſſer pour paroître grand, ſans s'abaiſſer pour être civil & obligeant, ſe trouve naturellement tout ce qu'il doit être envers tous les hommes : comme un fleuve majeſtueux & bienfaiſant, qui porte paiſiblement dans les Villes l'abondance qu'il a répandue dans les campagnes en les arroſant; qui ſe donne à tout le monde, & ne s'éleve & ne s'enfle, que lorſqu'avec violence on s'oppoſe à la douce pente qui le porte à continuer son tranquille cours.

Telle a été la douceur, & telle a été la force du Prince de Condé. Avez-vous un secret important ? Versez-le hardiment dans ce noble cœur : votre affaire devient la sienne par la confiance. Il n'y a rien de plus inviolable pour ce Prince, que les droits sacrés de l'amitié. Lorsqu'on lui demande une grace, c'est lui qui paroît l'obligé ; & jamais on ne vit de joie ni si vive ni si naturelle, que celle qu'il ressentoit à faire plaisir. Le premier argent qu'il reçut d'Espagne avec la permission du Roi, malgré les nécessités de sa maison épuisée, fut donné à ses amis, encore qu'après la paix il n'eût rien à espérer de leur secours : & quatre cent mille écus distribués par ses ordres, firent voir, chose rare dans la vie humaine, la reconnoissance aussi vive dans le Prince de Condé, que l'espérance d'engager les hommes l'est dans les autres.

Avec lui la vertu eut toujours son prix : il la louoit jusque dans ſes ennemis. Toutes les fois qu'il avoit à parler de ſes actions, & même dans les relations qu'il en envoyoit à la Cour, il vantoit les conſeils de l'un, la hardieſſe de l'autre, chacun avoit ſon rang dans ſes diſcours ; & parmi ce qu'il donnoit à tout le monde, on ne ſavoit où placer ce qu'il avoit fait lui-même. Sans envie, ſans fard, ſans oſtentation ; toujours grand dans l'action & dans le repos, il parut à Chantilly comme à la tête des troupes. Qu'il embellît cette magnifique & délicieuſe maiſon, ou bien qu'il munît un camp au milieu du pays ennemi, & qu'il fortifiât une Place ; qu'il marchât avec une armée parmi les périls, ou qu'il conduisît ſes amis dans ces ſuperbes allées au bruit de tant de jets-d'eau, qui ne ſe taiſoient ni jour ni nuit : c'étoit toujours le même homme, & ſa gloire le ſuivoit par-tout. Qu'il eſt beau après les combats & le tumulte des armes, de ſavoir encore goûter ces vertus paiſibles & cette gloire tranquille, qu'on n'a point à partager avec le ſoldat non plus qu'avec

la fortune ; où tout charme, &
rien n'éblouit; qu'on regarde fans
être étourdi ni par le fon des trom-
pettes, ni par le bruit des canons,
ni par les cris des bleffés ; où
l'homme paroît tout feul auffi grand,
auffi refpecté, que lorfqu'il donne
des ordres, & que tout marche à
fa parole !

Venons maintenant aux qualités
de l'efprit; & puifque pour notre
malheur, ce qu'il y a de plus fatal
à la vie humaine, c'eft-à-dire, l'art
militaire, eft en même-temps ce
qu'elle a de plus ingénieux & de
plus habile, confidérons d'abord par
cet endroit le grand génie de notre
Prince. Et premiérement, quel
Général porta jamais plus loin fa
prévoyance? C'étoit une de fes maximes, qu'il falloit craindre les ennemis de loin pour ne plus craindre
de près, & fe réjouir à leur approche. Le croyez-vous, comme il
confidere tous les avantages qu'il
peut ou donner ou prendre? Avec
quelle vivacité il fe met dans l'efprit en un moment, les temps, les
lieux, les perfonnes, & non-feule-

ment leurs intérêts & leurs talens; mais encore leurs humeurs & leurs caprices? Le croyez-vous, comme il compte la cavalerie & l'infanterie des ennemis, par le naturel des pays, ou des Princes confédérés? Rien n'échappe à sa prévoyance. Avec cette prodigieuse compréhenfion de tout le détail & du plan univerfel de la guerre, on le voit toujours attentif à ce qui furvient. Il tire d'un déferteur, d'un transfuge, d'un prifonnier, d'un paffant, ce qu'il veut dire, ce qu'il veut taire, ce qu'il fait, &, pour ainfi dire, ce qu'il ne fait pas : tant il eft sûr dans fes conféquences. Ses partis lui rapportent jufqu'aux moindres chofes : on l'éveille à chaque moment; car il tenoit pour maxime, qu'un habile Capitaine peut bien être vaincu, mais qu'il ne lui eft pas permis d'être furpris. Auffi lui devons-nous cette louange, qu'il ne l'a jamais été. A quelque heure & de quelque côté que viennent les ennemis, ils le trouvent toujours fur fes gardes, toujours prêt à fondre

fur eux, & à prendre fes avantages.

Comme une aigle qu'on voit
toujours, foit qu'elle vole au milieu
des airs, foit qu'elle fe pofe fur le
haut de quelque rocher, porter de
tous côtés des regards perçans, &
tomber fi fûrement fur fa proie,
qu'on ne peut éviter fes ongles
non plus que fes yeux : auffi vifs
étoient les regards, auffi vîte &
impétueufe étoit l'attaque, auffi
fortes & inévitables étoient les mains
du Prince de Condé. En fon camp
on ne connoît point les vaines terreurs, qui fatiguent & rebutent plus
que les véritables. Toutes les forces
demeurent entieres pour les vrais
périls : tout eft prêt au premier fi-
gnal; & comme dit le Prophete : (a)
« Toutes les fleches fcnt aiguifées,
» & tous les arcs font tendus ».
En attendant on repofe d'un fom-
meil tranquille, comme cn feroit
fous fon toît & dans fon enclos,

(a) Sagittæ ejus acutæ, & omnes arcus
ejus extenti. If, V, 28.

Que dis-je, qu'on repose? A Piéton, près de ce corps redoutable, que trois Puissances réunies avoient assemblé, c'étoit dans nos troupes de continuels divertissemens : toute l'armée étoit en joie, & jamais elle ne sentit qu'elle fût plus foible que celle des ennemis. Le Prince par son campement avoit mis en sûreté non-seulement toute notre frontiere & toutes nos Places, mais encore tous nos soldats : il veille, c'est assez. Enfin l'ennemi décampe ; c'est ce que le Prince attendoit. Il part à ce premier mouvement : déja l'armée Hollandoise, avec ses superbes étendards , ne lui échappera pas. Tout nage dans le sang, tout est en proie : mais Dieu fait donner des bornes aux plus beaux desseins. Cependant les ennemis sont poussés par-tout : Oudenarde est délivrée de leurs mains. Pour les tirer eux-mêmes de celles du Prince, le ciel les couvre d'un brouillard épais. La terreur & la désertion se met dans leurs troupes : on ne sait plus ce qu'est devenue cette formidable armée. Ce fut alors que Louis, qui

après avoir achevé le rude siége
de Besançon, & avoir encore une
fois réduit la Franche-Comté avec
une rapidité inouie, étoit revenu
tout brillant de gloire ; pour profiter
de l'action de ses armées de
Flandre & d'Allemagne, commanda
ce détachement, qui fit en Alsace
les merveilles que vous savez ; &
parut le plus grand de tous les
hommes, tant par les prodiges qu'il
avoit faits en personne, que par
ceux qu'il fit faire à ses Généraux.

Quoiqu'une heureuse naissance
eût apporté de si grands dons à
notre Prince, il ne cessoit de l'enrichir par ses réflexions. Les campemens de César firent son étude. Je
me souviens qu'il nous ravissoit, en
nous racontant comme en Catalo-
gne, dans les lieux où ce fameux
Capitaine par l'avantage des postes *De bello civili,*
contraignit cinq légions Romaines ; *lib. I.*
& deux chefs expérimentés, à poser
les armes sans combat ; lui-même il
avoit été reconnoître les rivieres &
les montagnes qui servirent à ce
grand dessein : & jamais un si digne

maître n'avoit expliqué par de fi doctes leçons les Commentaires de César. Les Capitaines des fiecles futurs lui rendront un honneur femblable. On viendra étudier fur les lieux ce que l'hiftoire racontera du campement de Piéton, & des merveilles dont il fut fuivi. On remarquera dans celui de Chatenoy l'éminence qu'occupa ce grand Capitaine, & le ruiffeau dont il fe couvrit fous le canon du retranchement de Seleftad. Là, on lui verra méprifer l'Allemagne conjurée; fuivre à fon tour les ennemis, quoique plus forts; rendre leurs projets inutiles; & leur faire lever le fiége de Saverne, comme il avoit fait un peu auparavant celui de Haguenau. C'eft par de femblables coups, dont fa vie eft pleine, qu'il a porté fi haut fa réputation, que ce fera dans nos jours s'être fait un nom parmi les hommes, & s'être acquis un mérite dans les troupes, d'avoir fervi fous le Prince de Condé; & comme un titre pour commander, de l'avoir vu faire.

Mais si jamais il parut un homme extraordinaire, s'il parut être éclairé, & voir tranquillement toutes choses, c'est dans ces rapides momens d'où dépendent les victoires, & dans l'ardeur du combat. Par-tout ailleurs il délibere; docile, il prête l'oreille à tous les conseils : ici, tout se présente à la fois; la multitude des objets ne le confond pas ; à l'instant le parti est pris; il commande & il agit tout ensemble, & tout marche en concours & en sûreté. Le dirai-je ? mais pourquoi craindre que la gloire d'un si grand homme puisse être diminuée par cet aveu ? Ce n'est plus ses promptes saillies qu'il savoit si vîte & si agréablement réparer; mais enfin qu'on lui voyoit quelquefois dans les occasions ordinaires : vous diriez qu'il y a en lui une autre homme, à qui sa grande ame abandonne de moindres ouvrages, où elle ne daigne se mêler. Dans le feu, dans le choc, dans l'ébranlement, on voit naître tout-à-coup je ne sais quoi de si net, de si posé, de si vif, de si ardent, de si doux, de si aimable pour les fiens, e fi hautain & de fi menaçant pour les ennemis, qu'on ne fait d'où lui peut venir ce mélange de qualités fi contraires. Dans cette terrible journée, où aux portes de la Ville & à la vue de fes citoyens, le ciel fembla vouloir-décider du fort de ce Prince ; où avec l'élite des troupes il avoit en tête un Général fi preffant ; où il fe vit plus que jamais expofé aux caprices de la fortune : pendant que les coups venoient de tous côtés, ceux qui combattoient auprès de lui nous ont dit fouvent, que fi l'on avoit à traiter quelque grande affaire avec ce Prince, on eût pu choifir de ces momens où tout étoit en feu autour de lui : tant fon efprit s'élevoit alors, tant fon ame leur paroiffoit éclairée comme d'en-haut en ces terribles rencontres : femblable à ces hautes montagnes dont la cime au-deffus des nues & des tempêtes, trouve la férénité dans fa hauteur, & ne perd aucun rayon de la lumiere qui l'environne.

Ainfi dans les plaines de Lens, nom agréable à la France, l'Ar-

chiduc, contre fon deffein, tiré
d'un pofte invincible par l'appât d'un
fuccès trompeur; par un foudain
mouvement du Prince, qui lui op-
pofe des troupes fraîches à la place
des troupes fatiguées, eft contraint
à prendre la fuite. Ses vieilles
troupes périffent; fon canon où il
avoit mis fa confiance eft entre nos
mains; & Bek, qui l'avoit flatté
d'une victoire affurée, pris
& bleffé dans le combat, vient
rendre en mourant un trifte hommage à fon vainqueur par fon défefpoir. S'agit-il ou de fecourir ou
de forcer une Ville ? le Prince faura
profiter de tous les momens. Ainfi,
au premier avis que le hafard lui
porta d'un fiége important, il tra-
verfe trop promptement tout un
grand pays; & d'une premiere vue,
il découvre un paffage affuré pour
le fecours, aux endroits qu'un ennemi
vigilant n'a pû encore affez munir.
Affiége-t-il quelque Place ? il invente
tous les jours de nouveaux moyens
d'en avancer la conquête. On croit
qu'il expofe les troupes : il les mé-
nage en abrégeant le temps des pé-

rils par la vigueur des attaques. Parmi tant de coups surprenans, les Gouverneurs les plus courageux ne tiennent pas les promesses qu'ils ont faites à leurs Généraux : Dunkerque est pris en treize jours au milieu des pluies de l'automne ; & ces barques si redoutées de nos Alliés, paroissent tout-à-coup dans tout l'Océan avec nos étendards.

Mais ce qu'un sage Général doit le mieux connoître, c'est ses soldats & ses chefs. Car delà vient ce parfait concert qui fait agir les armées comme un seul corps, ou pour parler avec l'Ecriture, « Comme » un seul homme » : *Egressus est Israel tanquam vir unus* (a). Pourquoi comme un seul homme ? Parce que sous un même chef, qui connoît & les soldats & les chefs comme ses bras & ses mains, tout est également vif & mesuré. C'est ce qui donne la victoire : & j'ai oui dire à notre grand Prince, qu'à

____

(a) *Le texte sacré porte* : & egressi sunt quasi vir unus. *I. Reg. XI,* 7.

la journée de Nordlingue, ce qui l'assuroit du succès, c'est qu'il connoissoit M. de Turenne, dont l'habileté consommée n'avoit besoin d'aucun ordre pour faire tout ce qu'il falloit. Celui-ci publioit de son côté qu'il agissoit sans inquiétude ; parce qu'il connoissoit le Prince, & ses ordres toujours sûrs. C'est ainsi qu'ils se donnoient mutuellement un repos qui les appliquoit chacun tout entier à son action : ainsi finit heureusement la bataille la plus hasardeuse, & la plus disputée qui fût jamais.

C'a été dans notre siecle un grand spectacle de voir, dans le même temps & dans les mêmes campagnes, ces deux hommes que la voix commune de toute l'Europe égaloit aux plus grands Capitaines des siecles passés, tantôt unis, plus encore par le concours des mêmes pensées, que par les ordres que l'inférieur recevoit de l'autre ; tantôt opposés front à front, & redoublant l'un dans l'autre l'activité & la vigilance : comme si Dieu, dont souvent, selon l'Ecriture, la sagesse se joue dans l'Univers, eût voulu nous les montrer en toutes les formes, & nous montrer enfemble tout ce qu'il peut faire des hommes. Que de campemens, que de belles marches, que de hardieffe, que de précautions, que de périls, que de reffources!

Vit-on jamais en deux hommes les mêmes vertus, avec des caracteres fi divers, pour ne pas dire fi contraires? L'un paroît agir par des réflexions profondes; & l'autre par de foudaines illuminations: celui-ci par confequent plus vif, mais fans que fon feu eût rien de précipité: celui-là d'un air plus froid, fans jamais rien avoir de lent, plus hardi à faire qu'à parler, réfolu & déterminé au-dedans, lors même qu'il paroiffoit embarraffé au-dehors. L'un, dès qu'il parut dans les armées, donne une haute idée de fa valeur, & fait attendre quelque chofe d'extraordinaire; mais toutefois s'avance par ordre, & vient comme par degrés aux prodiges qui ont fini le cours de fa vie: l'autre, comme un homme infpiré, dès fa premiere bataille s'égale aux maîtres les plus

confommés. L'un, par de vifs &
continuels efforts, emporte l'admiration du genre humain, & fait
taire l'envie : l'autre jette d'abord
une fi vive lumiere, qu'elle n'ofoit
l'attaquer. L'un enfin, par la profondeur de fon génie & les incroya-
bles reffources de fon courage,
s'éleve au-deffus des plus grands
périls, & fait même profiter de
toutes les infidélités de la fortune :
l'autre, & par l'avantage d'une fi
haute naiffance, & par ces grandes
penfées que le ciel envoie, & par
une efpece d'inftinct admirable dont
les hommes ne connoiffent pas le
fecret, femble né pour entraîner
la fortune dans fes deffeins, &
forcer les deftinées. Et afin que l'on
vît toujours dans ces deux hommes
de grands caracteres, mais divers ;
l'un emporté d'un coup foudain meurt
pour fon pays, comme un Judas le Machabée ; l'armée le pleure comme fon
pere, & la Cour & tout le peuple
gémit ; fa piété eft louée comme
fon courage, & fa mémoire ne fe
flétrit point pour le temps : l'autre
élevé par les armes au comble de

la gloire comme un David, comme
lui meurt dans son lit en publiant
les louanges de Dieu, & instruisant
sa famille ; & laisse tous les cœurs
remplis tant de l'éclat de sa vie,
que de la douceur de sa mort.
Quel spectacle de voir & d'étudier
ces deux hommes, & d'apprendre
de chacun d'eux toute l'estime que
méritoit l'autre ! C'est ce qu'a vu
notre siecle : & ce qui est encore
plus grand, il a vu un Roi se servir
de ces deux grands chefs, & profiter du secours du ciel ; & après
qu'il en est privé par la mort de
l'un & les maladies de l'autre, con-
cevoir de plus grand desseins, exécuter de plus grandes choses, s'é-
lever au-dessus de lui-même,
surpasser & l'espérance des siens, &
l'attente de l'Univers : tant est haut
son courage, tant est vaste son intelligence, tant ses destinées sont
glorieuses.

Voilà, Messieurs, les spectacles
que Dieu donne à l'Univers, &
les hommes qu'il y envoie quand
il y veut faire éclater, tantôt dans
une nation, tantôt dans une autre,
selon

felon fes confeils éternels, fa puiffance ou fa fageffe. Car fes divins
attributs paroiffoient-ils mieux dans
les cieux qu'il a formés de fes doigts,
que dans ces rares talens qu'il diftri-
bue, comme il lui plaît, aux
hommes extraordinaires? Quel aftre
brille davantage dans le firmament,
que le Prince de Condé n'a fait dans
l'Europe? Ce n'étoit pas feulement
la guerre qui lui donnoit de l'éclat:
fon grand génie embraffoit tout,
l'antique comme le moderne, l'Hiftoire, la Philofophie, la Théologie
la plus fublime, & les arts avec
les fciences. Il n'y avoit livre qu'il
ne lût : il n'y avoit homme excellent, ou dans quelque fpéculation,
ou dans quelque ouvrage, qu'il
n'entretînt : tous fortoient plus
éclairés d'avec lui, & rectifioient
leurs penfées, ou par fes pénétrantes
queftions ou par fes réflexions ju-
dicieufes. Auffi fa converfation étoit
un charme; parce qu'il favoit parler
à chacun felon fes talens; & non-
feulement aux gens de guerre de
leurs entreprifes, aux courtifans de
leurs intérêts, aux politiques de leurs

négociations ; mais encore aux voyageurs curieux de ce qu'ils avoient découvert, ou dans la nature, ou dans le gouvernement, ou dans le commerce ; à l'artifan, de fes inventions ; & enfin aux favans de toutes les fortes, de ce qu'ils avoient trouvé de plus merveilleux. C'eft de Dieu que viennent ces dons : qui en doute ? Ces dons font admirables : qui ne le voit-pas ? Mais pour confondre l'efprit humain qui s'enorgueillit de tels dons, Dieu ne craint point d'en faire part à fes ennemis.

Saint Auguftin confidere parmi les Païens tant de fages, tant de conquérans, tant de graves légiflateurs, tant d'excellens citoyens, un Socrate un Marc-Aurele, un Scipion, un Céfar, un Alexandre, tous privés de la connoiffance de Dieu, & exclus de fon Royaume éternel. N'eft-ce donc pas Dieu qui les a faits ? Mais quel autre les pouvoit faire, fi ce n'eft celui qui fait tout dans le ciel & dans la terre ? Mais pourquoi les a-t-il faits ? & quels étoient les deffeins parti-

culiers de cette fageſſe profonde ,
qui jamais ne fait rien en vain ?
Écoutez la réponſe de ſaint Auguſtin.
» Il les a faits, nous dit-il, pour
» orner le ſiecle préſent » : *Ut or-*
dinem ſæculi præſentis ornaret. Il a
fait dans les grands hommes ces
rares qualités, comme il a fait le
ſoleil. Qui n'admire ce bel aſtre ?
Qui n'eſt ravi de l'éclat de ſon
midi, & de la ſuperbe parure de ſon
lever & de ſon coucher ? Mais
puiſque Dieu le fait luire ſur les bons
& ſur les mauvais, ce n'eſt pas
un ſi bel objet qui nous rend heureux : Dieu l'a fait pour embellir
& pour éclairer ce grand théâtre
du monde. De même, quand il a
fait dans ſes ennemis, auſſi-bien que
dans ſes ſerviteurs, ces belles lumieres d'eſprit, ces rayons de ſon
intelligence, ces images de ſa bonté;
ce n'eſt pas pour les rendre heureux qu'il leur a fait ces riches
préſens ; c'eſt une décoration de
l'Univers, c'eſt un ornement du
ſiecle préſent. Et voyez la malheureuſe deſtinée de ces hommes qu'il
a choiſis pour être les ornemens

Cont. Julian.
lib. V, n. 14,
tom. X, p. 636.

I ij

de leur siecle. Qu'ont-ils voulu ces hommes rares, sinon des louanges, & la gloire que les hommes donnent? Peut-être que pour les confondre, Dieu refusera cette gloire à leurs vains desirs? Non : il les confond mieux en la leur donnant, même au-delà de leur attente. Cet Alexandre qui ne vouloit que faire du bruit dans le monde, y en fait plus qu'il n'auroit osé espérer. Il faut encore qu'il se trouve dans tous nos panégyriques; & il semble par une espece de fatalité glorieuse à ce Conquérant, qu'aucun Prince ne puisse recevoir de louanges, qu'il ne les partage. S'il a fallu quelque récompense à ces grandes actions des Romains, Dieu leur en a su trouver une convenable à leurs mérites comme à leurs desirs. Il leur donne pour récompense l'empire du monde, comme un présent de nul prix.

O Rois, confondez-vous dans votre grandeur : Conquérans, ne vantez pas vos victoires. Il leur donne pour récompense la gloire des hommes : récompense qui ne vient pas jusqu'à eux; qui s'efforce de s'attacher, quoi ? peut-être à leurs médailles, ou à leurs statues déterrées, restes des ans & des barbares; aux ruines de leurs monumens & de leurs ouvrages qui disputent avec le temps, ou plutôt à leur idée, à leur ombre, à ce qu'on appelle leur nom. Voilà le digne prix de tant de travaux, & dans le comble de leurs vœux la conviction de leur erreur. Venez, rassasiez-vous, Grands de la terre : saisissez-vous, si vous pouvez, de ce fantôme de gloire, à l'exemple de ces grands hommes que vous admirez. Dieu qui punit leur orgueil dans les enfers, ne leur a pas envié, dit saint Augustin, cette gloire tant désirée; & « Vains, ils ont reçu une » récompense aussi vaine que leurs » desirs » : *Perceperunt mercedem suam, vani vanam.* *In Ps. CXVIII, Serm. XII, n. 2, t. IV, p. 1306.*

IL n'en sera pas ainsi de notre grand Prince : l'heure de Dieu est venue, heure attendue, heure désirée, heure de miséricorde & de grace. Sans être averti par la maladie, fans être preffé par le temps; il exécute ce qu'il méditoit. Un fage Religieux, qu'il appelle exprès, regle les affaires de fa confcience : il obéit, humble Chrétien, à fa décifion ; & nul n'a jamais douté de fa bonne foi. Dès-lors auffi on le vit toujours férieufement occupé du foin de fe vaincre foi-même, de rendre vaines toutes les attaques de fes infupportables douleurs, d'en faire par fa foumiffion un continuel facrifice. Dieu, qu'il invoquoit avec foi, lui donna le goût de fon Ecriture, & dans ce Livre divin, la folide nourriture de la piété. Ses Confeils fe régloient plus que jamais par la juftice : on y foulageoit la veuve & l'orphelin; & le pauvre en approchoit avec confiance. Sérieux autant qu'agréable pere de famille, dans les douceurs qu'il goûtoit avec fes enfans, il ne ceffoit de leur infpirer les fentimens de la véritable vertu; & ce jeune Prince fon petit-fils fe fentira éternellement d'avoir été cultivé par de telles mains. Toute fa maifon profitoit de fon exemple. Plufieurs

de ſes domeſtiques avoient été mal-
heureuſement nourris dans l'erreur,
que la France toléroit .alors. Combien de fois l'a-t-on vu inquiété de
leur ſalut, affligé de leur réſiſtance,
conſolé par leur converſion ? Avec
quelle incomparable netteté d'eſprit
leur faiſoit-il voir l'antiquité & la
vérité de la Religion Catholique ?
Ce n'étoit plus cet ardent vainqueur qui ſembloit vouloir tout
emporter ; c'étoit une douceur, une
patience, une charité qui ſongeoit
à gagner les cœurs & à guérir des
eſprits malades.

Ce ſont, Meſſieurs, ces choſes
ſimples : gouverner ſa famille,
édifier ſes domeſtiques, faire juſtice
& miſéricorde, accomplir le bien
que Dieu veut, & ſouffrir les maux
qu'il envoie ; ce ſont ces communes
pratiques de la vie chrétienne, que
Jeſus-Chriſt louera au dernier jour
devant ſes ſaints Anges & devant
ſon Pere céleſte. Les hiſtoires ſeront
abolies avec les Empires, & il ne
ſe parlera plus de tous ces faits éclatans dont elles ſont pleines.

Pendant qu'il paſſoit ſa vie dans

ces occupations, & qu'il portoit au-deſſus de ſes actions les plus renommées la gloire d'une ſi belle & ſi pieuſe retraite, la nouvelle de la maladie de la Ducheſſe de Bourbon vint à Chantilly comme un coup de foudre. Qui ne fut frappé de la crainte de voir éteindre cette lumiere naiſſante ? On appréhenda qu'elle n'eût le ſort des choſes avancées. Quels furent les ſentimens du Prince de Condé, lorſqu'il ſe vit menacé de perdre ce nouveau lien de ſa famille avec la perſonne du Roi ? C'eſt donc dans cette occaſion que devoit mourir ce Héros. Celui que tant de ſiéges & tant de batailles n'ont pu emporter, va périr par ſa tendreſſe. Pénétré de toutes les inquiétudes que donne un mal affreux, ſon cœur, qui le ſoutient ſeul depuis ſi long-temps, acheve à ce coup de l'accabler : les forces qu'il lui fait trouver, l'épuiſent. S'il oublie toute ſa foibleſſe à la vue du Roi qui approche de la Princeſſe malade ; ſi, tranſporté de ſon zèle, & ſans avoir beſoin de ſecours à cette fois, il accourt pour l'avertir

de tous les périls que ce grand Roi
ne craignoit pas, & qu'il l'empêche
enfin d'avancer : il va tomber éva-
noui à quatre pas ; & on admire
cette nouvelle maniere de s'expofer pour fon Roi. Quoique la Ducheſſe d'Enguien, Princeſſe dont la
vertu ne craignit jamais que de
manquer à fa famille & à fes devoirs, eût obtenu de demeurer auprès de lui pour le foulager : la
vigilance de cette Princeſſe ne calme
pas les foins qui le travaillent ; &
après que la jeune Princeſſe eſt hors
de péril, la maladie du Roi va bien
cauſer d'autres troubles à notre
Prince.

Puis-je ne m'arrêter pas en cet
endroit ? A voir la férénité qui re-
luiſoit fur ce front augufte, eût-
on foupçonné que ce grand Roi,
en retournant à Verfailles, allât
s'expofer à ces cruelles douleurs,
où l'Univers a connu fa piété, fa
conftance & tout l'amour de fes
peuples ? De quels yeux le regar-
dions-nous, lorfqu'aux dépens d'une
fanté qui nous eſt fi chere, il vouloit bien adoucir nos cruelles in-

quiétudes par la confolation de le voir ; & que maître de fa douleur, comme de tout le refte des chofes, nous le voyions tous les jours non-feulement régler fes affaires felon fa coutume, mais encore entretenir fa Cour attendrie, avec la même tranquillité qu'il lui fait paroître dans fes jardins enchantés ? Béni foit-il de Dieu & des hommes, d'unir ainfi toujours la bonté à toutes les autres qualités que nous admirons. Parmi toutes fes douleurs, il s'informoit avec foin de l'état du Prince de Condé ; & il marquoit, pour la fanté de ce Prince, une inquiétude qu'il n'avoit pas pour la fienne. Il s'affoiblifſoit, ce grand Prince; mais la mort cachoit fes approches. Lorſqu'on le crut en meilleur état, & que le Duc d'Enguien, toujours partagé entre les devoirs de fils & de fujet, étoit retourné, par fon ordre, auprès du Roi, tout change en un moment, & on déclare au Prince fa mort prochaine.

Chrétiens, foyez attentifs, &

venez apprendre à mourir : ou plutôt, venez apprendre à n'attendre
pas la derniere heure pour commencer à bien vivre. Quoi, attendre
à commencer une vie nouvelle,
lorsqu'entre les mains de la mort,
glacés sous ses froides mains, vous
ne saurez si vous êtes avec les morts
ou encore avec les vivans ! Ah !
prévenez par la pénitence cette
heure de troubles & de ténébres.
Par-là, sans être étonné de cette
derniere sentence qu'on lui prononça, le Prince demeure un moment dans le silence ; & tout-
à-coup : « O mon Dieu, dit-il,
» vous le voulez, votre volonté
» soit faite : je me jette entre vos
» bras ; donnez-moi la grace de
» bien mourir ». Que désirez-vous
davantage ? Dans cette courte priere,
vous voyez la soumission aux ordres
de Dieu, l'abandon à sa Providence, la confiance en sa grace, &
toute la piété. Dès-lors aussi, tel
qu'on l'avoit vu dans tous ses combats, résolu, paisible, occupé sans
inquiétude de ce qu'il falloit faire
pour les soutenir : tel fut-il à ce

dermier choc; & la mort ne lui parut pas plus affreuse, pâle & languiffante, que lorfqu'elle fe préfente au milieu du feu, fous l'éclat de la victoire qu'elle montre feule.

Pendant que les fanglots éclatoient de toutes parts; comme fi un autre que lui en eût été le fujet, il continuoit à donner fes ordres; & s'il défendoit les pleurs, ce n'étoit pas comme un objet dont il fût troublé, mais comme un empêchement qui le retardoit. A ce moment, il étend fes foins jufqu'aux moindres de fes domeftiques. Avec une libéralité digne de fa naiffance & de leurs fervices, il les laiffe comblés de fes dons, mais encore plus honorés des marques de fon fouvenir. Comme il donnoit des ordres particuliérs & de la plus haute importance, puifqu'il y alloit de fa confcience & de fon falut éternel, averti qu'il falloit écrire & ordonner dans les formes : quand je devrois, Monfeigneur, renouveller vos douleurs, & rouvrir toutes les plaies de votre cœur, je ne tairai pas ces paroles qu'il répéta fi fou-

vent : qu'il vous connoissoit : qu'il
n'y avoit sans formalité qu'à vous
dire ses intentions ; que vous iriez
encore au-delà, & suppléeriez de
vous-même à tout ce qu'il pourroit
avoir oublié. Qu'un pere vous ait
aimé, je ne m'en étonne pas, c'est
un sentiment que la nature inspire ;
mais qu'un pere si éclairé vous ait
témoigné cette confiance jusqu'au
dernier soupir ; qu'il se soit reposé
sur vous de choses si importantes,
& qu'il meure tranquillement sur
cette assurance ; c'est le plus beau
témoignage que votre vertu pouvoit
remporter : & malgré tout votre
mérite, Votre Altesse n'aura de moi
aujourd'hui que cette louange.

Ce que le Prince commença ensuite pour s'acquitter des devoirs
de la Religion, mériteroit d'être
raconté à toute la terre, non à
cause qu'il est remarquable ; mais
à cause, pour ainsi dire, qu'il ne
l'est pas, & qu'un Prince, si exposé
à tout l'Univers, ne donne rien aux
spectateurs. N'attendez donc pas,
Messieurs, de ces magnifiques paroles qui ne servent qu'à faire con-

noître, sinon un orgueil caché, du moins les efforts d'une ame agitée, qui combat ou qui dissimule son trouble secret. Le Prince de Condé ne sait ce que c'est que de prononcer de ces pompeuses sentences; & dans la mort comme dans la vie, la vérité fit toujours toute sa grandeur. Sa confession fut humble, pleine de componction & de confiance. Il ne lui fallut pas long-temps pour la préparer : la meilleure préparation pour celle des derniers temps, c'est de ne les attendre pas.

Mais, Messieurs, prêtez l'oreille à ce qui va suivre. A la vue du saint Viatique qu'il avoit tant désiré, voyez comme il s'arrête sur ce doux objet. Alors il se souvint des irrévérences, dont, hélas! on déshonore ce divin mystere. Les Chrétiens ne connoissent plus la sainte frayeur dont on étoit saisi autrefois à la vue du sacrifice. On diroit qu'il eût cessé d'être terrible, comme l'appelloient les saints Peres; & que le sang de notre victime n'y coule pas encore aussi véritablement que sur le Calvaire. Loin de trembler devant

les Autels, on y méprise Jesus-
Christ présent; & dans un temps
où tout un Royaume se remue pour
la conversion des hérétiques, on
ne craint point d'en autoriser les
blasphêmes. Gens du monde, vous
ne pensez pas à ces horribles pro-
fanations : à la mort vous y pen-
serez avec confusion & saisissement.

Le Prince se ressouvint de toutes
les fautes qu'il avoit commises ;
& trop foible pour expliquer avec
force ce qu'il en sentoit, il em-
prunta la voix de son Confesseur
pour en demander pardon au monde,
à ses domestiques & à ses amis.
On lui répondit par des sanglots :
ah ! répondez-lui maintenant en
profitant de cet exemple. Les autres
devoirs de la Religion furent accom-
plis avec la même piété & la même
présence d'esprit. Avec quelle foi,
& combien de fois pria-t-il le Sauveur des ames, en baisant sa croix,
que son sang répandu pour lui ne
le fût pas inutilement ? C'est ce qui
justifie le pécheur, c'est ce qui soutient le juste, c'est ce qui rassure
le Chrétien. Que dirai-je des saintes

prieres des agonifans, où, dans fes efforts que fait l'Eglife, on entend fes vœux les plus empreffés, & comme les derniers cris par où cette fainte mere acheve de nous enfanter à la vie célefte ? Il fe les fit répéter trois fois ; & il y trouva toujours de nouvelles confolations. En remerciant fes Médecins : « Voilà, » dit-il, maintenant mes vrais Médecins » : il montroit les Eccléfiaftiques dont il écoutoit les avis, dont il continuoit les prieres ; les Pfeaumes toujours à la bouche, la confiance toujours dans le cœur. S'il fe plaignit, c'étoit feulement d'avoir fi peu à fouffrir pour expier fes péchés. Senfible jufqu'à la fin à la tendreffe des fiens, il ne s'y laiffa jamais vaincre ; & au contraire, il craignoit toujours de trop donner à la nature.

Que dirai-je de fes derniers entretiens avec le Duc d'Enguien? Quelles couleurs affez vives pourroient vous repréfenter & la conftance du Pere, & les extrêmes douleurs du fils? D'abord le vifage en pleurs, avec plus de fanglots

que de paroles, tantôt la bouche
collée fur ces mains victorieufes ,
& maintenant défaillantes, tantôt
fe jettant entre ces bras & dans ce
fein paternel, il femble, par tant
d'efforts, vouloir retenir ce cher
objet de fes refpects & de fes ten-
dreffes. Les forces lui manquent;
il tombe à fes pieds. Le Prince, fans
s'émouvoir, lui laiffe reprendre fes
efprits : puis appellant la Ducheffe
fa belle-fille, qu'il voyoit auffi fans
parole & prefque fans vie, avec une
tendreffe qui n'eut rien de foible, il
leur donne fes derniers ordres où
tout refpiroit la piété. Il les finit
en les béniffant avec cette foi &
avec ces vœux que Dieu exauce ,
& en béniffant avec eux, ainfi qu'un
autre Jacob, chacun de leurs enfans en particulier; & on vit de
part & d'autre tout ce qu'on affoiblit en le répétant.

Je ne vous oublierai pas , ô
Prince fon cher neveu, & comme
fon fecond fils, ni le glorieux témoignage qu'il a rendu conftamment
à votre mérite, ni fes tendres em-
preffemens, & la lettre qu'il écrivit

en mourant, pour vous rétablir dans les bonnes graces du Roi, le plus cher objet de vos vœux; ni tant de belles qualités qui vous ont fait juger digne d'avoir si vivement occupé les dernieres heures d'une si belle vie. Je n'oublierai pas non plus les bontés du Roi qui previnrent les desirs du Prince mourant, ni les généreux soins du Duc d'Enguien qui ménagea cette grace, ni le gré que lui sut le Prince d'avoir été si soigneux, en lui donnant cette joie, d'obliger un si cher parent. Pendant que son cœur s'épanche, & que sa voix se ranime en louant le Roi, le Prince de Conti arrive pénétré de reconnoissance & de douleur. Les tendresses se renouvellent : les deux Princes ouirent ensemble ce qui ne sortira jamais de leur cœur ; & le Prince conclut, en leur confirmant qu'ils ne seroient jamais ni grands hommes, ni grands Princes, ni honnêtes gens, qu'autant qu'ils seroient gens de bien, fideles à Dieu & au Roi. C'est la derniere parole qu'il laissa gravée dans leur mémoire : c'est avec la derniere marque de fa tendreffe , l'abrégé de leurs devoirs. Tout retentiffoit de cris , tout fondoit en larmes : le Prince feul n'étoit pas ému, & le trouble n'arrivoit pas dans l'afyle où il s'étoit mis. O Dieu, vous étiez fa force, fon iné-branlable refuge, &, comme difoit David, ce ferme rocher où s'ap-puyoit fa conftance.

Pf. XXVI, 8

Puis-je taire durant ce temps ce qui fe faifoit à la Cour & en la préfence du Roi ? Lorfqu'il y fit lire la derniere lettre que lui écrivit ce grand homme, & qu'on y vit dans les trois temps que marquoit le Prince, fes fervices qu'il y paf-foit fi légérement au commence-ment & à la fin de fa vie, & dans le milieu, fes fautes dont il faifoit une fi fincere reconnoiffance : il n'y eut cœur qui ne s'attendrît à l'entendre parler de lui-même avec tant de modeftie ; & cette lecture, fuivie des larmes du Roi, fit voir ce que les héros fentent les uns pour les autres. Mais lorfqu'on vint à l'endroit du remercîment, où le Prince marquoit qu'il mouroit content, & trop heureux d'avoir encore aſſez de vie pour témoigner au Roi ſa reconnoiſſance, ſon dévouement, &, s'il l'oſoit dire, ſa tendreſſe : tout le monde rendit témoignage à la vérité de ſes ſentimens ; & ceux qui l'avoient ouï parler ſi ſouvent de ce grand Roi dans ſes entretiens familiers, pouvoient aſſurer que jamais ils n'avoient rien entendu ni de plus reſpectueux & de plus tendre pour ſa perſonne ſacrée, ni de plus fort pour célébrer ſes vertus royales, ſa piété, ſon courage, ſon grand génie, principalement à la guerre, que ce qu'en diſoit ce grand Prince avec auſſi peu d'exagération que de flatterie. Pendant qu'on lui rendoit ce beau témoignage, ce grand homme n'étoit plus. Tranquille entre les bras de ſon Dieu, où il s'étoit une fois jetté, il attendoit ſa miſéricorde & imploroit ſon ſecours, juſqu'à ce qu'il ceſſa enfin de reſpirer & de vivre.

C'eſt ici qu'il faudroit laiſſer éclater ſes juſtes douleurs à la perte d'un ſi grand homme. Mais pour l'amour de la vérité, & à la honte de ceux qui la méconnoiſſent, écoutez encore ce beau témoignage qu'il lui rendit en mourant. Averti par ſon Confeſſeur, que ſi notre cœur n'étoit pas encore entiérement ſelon Dieu, il falloit, en s'adreſſant à Dieu même, obtenir qu'il nous fît un cœur comme il le vouloit, & lui dire, avec David, ces tendres paroles : (a) « O Dieu, créez » en moi un cœur pur ». A ces mots, le Prince s'arrête comme occupé de quelque grande penſée ; puis appellant le ſaint Religieux qui lui avoit inſpiré ce beau ſentiment : « Je n'ai jamais douté, dit-il, des » myſteres de la Religion, quoi » qu'on ait dit ». Chrétiens, vous l'en devez croire ; & dans l'état où il eſt, il ne doit plus rien au monde que la vérité. « Mais, pourſuivit-il, » j'en doute moins que jamais. Que » ces vérités, continuoit-il, avec » une douceur raviſſante, ſe dé-

----

(a) Cor mundum crea in me, Deus
Pſ. L. 12.

» mêlent & s'éclaircissent dans mon
» esprit ! Oui, dit-il, nous verrons
» Dieu comme il est, face à face ».
Il répétoit en latin, avec un goût
merveilleux, ces grands mots : *Sicuti est ; facie ad faciem*, & on ne
se lassoit point de le voir dans ce
doux transport.

Que se faisoit-il dans cette ame ?
quelle nouvelle lumiere lui apparoissoit ? quel soudain rayon perçoit la nue, & faisoit comme évanouir en ce moment, avec toutes
les ignorances des sens, les ténébres
mêmes, si je l'ose dire, & les
saintes obscurités de la Foi ? Que
deviennent alors ces beaux titres
dont notre orgueil est flatté ? Dans
l'approche d'un si beau jour, & dès
la premiere atteinte d'une si vive
lumiere ; combien promptement
disparoissent tous les fantômes du
monde ! Que l'éclat de la plus belle
victoire paroît sombre ! Qu'on en
méprise la gloire, & qu'on veut
de mal à ces foibles yeux, qui s'y
font laissés éblouir !

Venez, peuples, venez maintenant ; mais venez plutôt, Princes

& Seigneurs; & vous, qui jugez
la terre; & vous, qui ouvrez aux
hommes les portes du ciel; & vous,
plus que tous les autres, Princes
& Princesses, nobles rejettons de
tant de Rois, lumieres de la France,
mais aujourd'hui obscurcies, &
couvertes de votre douleur comme
d'un nuage : venez voir le peu
qui nous reste d'une si auguste naissance, de tant de grandeur, de tant
de gloire. Jettez les yeux de toutes
parts : voilà tout ce qu'ont pu faire
la magnificence & la piété, pour
honorer un héros : des titres, des
inscriptions, vaines marques de ce
qui n'est plus; des figures qui semblent pleurer autour d'un tombeau,
& des fragiles images d'une douleur que le temps emporte avec
tout le reste; des colonnes qui
semblent vouloir porter jusqu'au
ciel le magnifique témoignage de
notre néant : & rien enfin ne manque dans tous ces honneurs, que
celui à qui on les rend. Pleurez
donc sur ces foibles restes de la vie
humaine; pleurez sur cette triste

immortalité que nous donnons aux Héros.

Mais approchez en particulier, ô vous, qui courez avec tant d'ardeur dans la carriere de la gloire, ames guerrieres & intrépides. Quel autre fut plus digne de vous commander ? Mais dans quel autre avez-vous trouvé le commandement plus honnête ? Pleurez donc ce grand Capitaine, & dites, en gémissant : Voilà celui qui nous menoit dans les hasards ; sous lui se font formés tant de renommés Capitaines, que ses exemples ont élevés aux premiers honneurs de la guerre : son ombre eût pu encore gagner des batailles ; & voilà que dans son silence, son nom même nous anime ; & ensemble, il nous avertit que pour trouver à la mort quelque reste de nos travaux, & n'arriver pas sans ressource à notre éternelle demeure, avec le Roi de la terre il faut encore servir le Roi du ciel. Servez donc ce Roi immortel & si plein de miséricorde, qui vous comptera un soupir & un verre d'eau donné en son nom,

plus

plus que tous les autres ne feront jamais tout votre sang répandu ; & commencez à compter le temps de vos utiles services, du jour que vous vous serez donnés à un maître si bienfaisant.

Et vous, ne viendrez-vous pas à ce triste monument, vous, dis-je, qu'il a bien voulu mettre au rang de ses amis? Tous ensemble, en quelque degré de sa confiance qu'il vous ait reçus, environnez ce tombeau ; versez des larmes avec des prieres ; & admirant dans un si grand Prince une amitié si commode & un commerce si doux, conservez le souvenir d'un Héros dont la bonté avoit égalé le courage. Ainsi puisse-t-il toujours vous être un cher entretien : ainsi puissiez-vous profiter de ses vertus ; & que sa mort, que vous déplorez, vous serve à la fois de consolation & d'exemple.

Pour moi, s'il m'est permis, après tous les autres, de venir rendre les derniers devoirs à ce tombeau, ô Prince, le digne sujet de nos louanges & de nos regrets, vous vivrez éternellement dans ma mémoire : votre image y sera tracée, non point avec cette audace qui promettoit la victoire; non, je ne veux rien voir en vous de ce que la mort y efface. Vous aurez dans cette image des traits immortels: je vous y verrai tel que vous étiez à ce dernier jour sous la main de Dieu, lorsque sa gloire sembla commencer à vous apparoître. C'est-là que je vous verrai plus triomphant qu'à Fribourg & à Rocroy; & ravi d'un si beau triomphe, je dirai, en action de graces, ces belles paroles du bien-aimé Disciple : *Et hæc est victoria quæ vincit mundum, fides nostra :* « La véritable victoire, » celle qui met sous nos pieds le » monde entier, c'est notre foi ». Jouissez, Prince, de cette victoire; jouissez-en éternellement par l'immortelle vertu de ce sacrifice. Agréez ces derniers efforts d'une voix qui vous fut connue. Vous mettrez fin à tous ces discours : au lieu de déplorer la mort des autres, grand Prince, doré avant je veux apprendre de vous à rendre la mienne sainte.

Heureux, si averti par ces cheveux blanc du compte que je dois rendre de mon adminiſtration, je réſerve au troupeau que je dois nourrir de la parole de vie, les reſtes d'une voix qui tombe, & d'une ardeur qui s'éteint.

ORAISON FUNÉBRE

DE MADAME,

YOLANDE
DE MONTERBY,

ABBESSE

DES RELIGIEUSES BERNARDINES

DE * * *. (a)

La vie, estimable non par sa longueur, mais par l'usage que nous en faisons. Grandes vertus qui ont sanc-

---

(a) Nous ignorons de quelle maison cette Dame étoit Abbesse : le manuscrit ne l'indique pas : & quelque recherche que nous ayons faite, nous n'avons rien pu découvrir de certain sur sa famille.

tifié les longues années de cette Abbesse.

Ubi est, mors, victoria tua ?

O mort, où est ta victoire? I. Cor. XV, 55.

QUAND l'Eglise ouvre la bouche des Prédicateurs dans les funérailles de ses enfans, ce n'est pas pour accroître la pompe du deuil par des plaintes étudiées, ni pour satisfaire l'ambition des vivans par de vains éloges des morts. La premiere de ces deux choses est trop indigne de sa fermeté; & l'autre, trop contraire à sa modestie. Elle se propose un objet plus noble dans la solemnité des Discours funébres : elle ordonne que ses Ministres, dans les derniers devoirs que l'on rend aux morts, fassent contempler à leurs auditeurs la commune condition de tous les mortels; afin que la pensée de la mort leur donne un sain dégoût de la vie présente, & que la vanité humaine rougisse en regardant le terme fatal que la Providence divine a donné à ses espérances trompeuses.

Ainsi n'attendez pas, Chrétiens, que je vous représente aujourd'hui, ni la perte de cette maison, ni la juste affliction de toutes ces Dames, à qui la mort ravit une mere qui les a si bien élevées. Ce n'est pas aussi mon dessein de rechercher bien loin dans l'antiquité les marques d'une très-illustre noblesse, qu'il me seroit aisé de vous faire voir dans la race de Monterby, dont l'éclat est assez connu par son nom & ses alliances. Je laisse tous ces entretiens superflus, pour m'attacher à une matiere & plus sainte & plus fructueuse. Je vous demande seulement que vous appreniez de l'Abbesse, très-digne & très-vertueuse, pour laquelle nous offrons à Dieu le saint Sacrifice de l'Eucharistie, à vous servir si heureusement de la mort, qu'elle vous obtienne l'immortalité. C'est par là que vous rendrez inutiles tous les efforts de cette cruelle ennemie; & que l'ayant enfin désarmée de tout ce qu'elle semble avoir de terrible, vous lui pourrez dire avec l'Apôtre:

» O mort, où est ta victoire » ?
Ubi est, mors, victoria tua ? C'est ce I. *Cor. XV, 55.*
que je tâcherai de vous faire enten-
dre dans cette courte exhortation,
où j'espere que le Saint-Esprit me
fera la grace de ramasser en peu de
paroles des vérités très-considéra-
bles, que je puiserai dans les Ecritures.

C'est un fameux problême, qui
a été souvent agité dans les écoles
des Philosophes, lequel est le plus
désirable à l'homme, ou de vivre
jusqu'à l'extrême vieillesse, ou d'être
promptement délivré des miseres de
cette vie. Je n'ignore pas, Chrétiens,
ce que pensent là dessus la plupart
des hommes. Mais comme je vois
tant d'erreurs reçues dans le monde
avec un tel applaudissement, je ne
veux pas ici consulter les sentimens
de la multitude, mais la raison &
la vérité, qui seules doivent gouverner les esprits des hommes.

Et certes, il pourroit sembler au
premier abord que la voix commune
de la nature, qui désire toujours
ardemment la vie, devroit décider
cette question. Car si la vie est un

don de Dieu, n'eſt-ce pas un deſir très-juſte de vouloir conſerver long-temps les bienfaits de ſon Souverain? Et d'ailleurs étant certain que la longue vie approche de plus près l'immortalité, ne devons-nous pas ſouhaiter de retenir, ſi nous pouvons, quelque image de ce glorieux privilége dont notre nature eſt déchue?

En effet, nous voyons que les premiers hommes, lorſque le monde plus innocent étoit encore dans ſon enfance, rempliſſoient des neuf cents ans par leur vie; & que lorſque la malice eſt accrue, la vie en même temps s'eſt diminuée. Dieu même, dont la vérité infaillible doit être la regle ſouveraine de nos ſentimens, étant irrité contre nous, nous menace en ſa colere d'abréger nos jours: & au contraire il promet une longue vie à ceux qui obſerveront ſes commandemens. Enfin, ſi cette vie eſt le champ fécond dans lequel nous devons ſemer pour la glorieuſe immortalité, ne devons-nous pas déſirer que ce champ ſoit ample & ſpacieux, afin que la moiſſon ſoit plus abondante? Et ainſi l'on ne peut nier que la bonne vie ne soit souhaitable.

Ces raisons qui flattent nos sens gagneront aisément le dessus. Mais on leur oppose d'autres maximes qui sont plus dures, à la vérité, & aussi plus fortes & plus vigoureuses. Et premiérement, je nie que la vie de l'homme puisse être longue : de sorte que souhaiter une longue vie dans ce lieu de corruption, c'est n'entendre pas ses propres desirs. Je me fonde sur ce principe de saint Augustin : *Non est longum quod aliquando finitur :* » Tout ce qui a fin ne peut » être long ». Et la raison en est évidente ; car tout ce qui est sujet à finir s'efface nécessairement au dernier moment, & on ne peut compter de longueur en ce qui est entiérement effacé. Car de même qu'il ne sert de rien de remplir lorsque j'efface tout par un dernier trait : ainsi la longue & la courte vie sont toutes égalées par la mort ; parce qu'elle les efface toutes également.

In Joan. Tract. XXXII, n. 9, t. III, part. II, pag. 529.

Je vous ai représenté, Chrétiens, deux opinions différentes qui partagent les sentimens de tous les mor-

K v

tels. Les uns, en petit nombre, méprisent la vie ; les autres estiment que leur plus grand bien c'est de la pouvoir long-temps conserver. Mais peut-être que nous accorderons aisément ce deux propositions si contraires, par une troisieme maxime, qui nous apprendra d'estimer la vie, non par sa longueur, mais par son usage ; & qui nous fera confesser qu'il n'est rien de plus dangereux qu'une longue vie, quand elle n'est remplie que de vaines entreprises, ou même d'actions criminelles ; comme aussi il il n'est rien de plus précieux, quand elle est utilement ménagée pour l'éternité. Et c'est pour cette seule raison que je bénirai mille & mille fois la sage & honorable vieillesse d'Yolande de Monterby ; puisque dès ses années les plus tendres jusqu'à l'extrémité de sa vie, qu'elle a finie en Jesus-Christ après un grand âge, la crainte de Dieu a été son guide, la priere son occupation, la pénitence son exercice, la charité sa pratique la plus ordinaire, le ciel tout son amour & son espérance.

Désabusons-nous, Chrétiens, des

vaines & téméraires préoccupations,
dont notre raison est toute obscurcie
par l'illusion de nos sens : apprenons
à juger des choses par les véritables
principes, nous avouerons franche-
ment, à l'exemple de cette Abbesse,
que nous devons dorénavant mesurer la vie par les actions, non par
les années. C'est ce que vous com-
prendrez sans difficulté par ce raisonnement invincible.

Nous pouvons regarder le temps
de deux manieres différentes : nous
le pouvons considérer premiérement
en tant qu'il se mesure en lui-même
par heures, par jours, par mois,
par années ; & dans cette considération je soutiens que le temps n'est
rien ; parce qu'il n'a ni forme, ni
substance ; que tout son être n'est
que de couler, c'est-à-dire, que tout
son être n'est que de périr, & partant que tout son être n'est rien.

C'est ce qui fait dire au Psalmiste
retiré profondément en lui-même,
dans la considération du néant de
l'homme : *Ecce mensurabiles posuisti* Pf. XXXVIII, 6
dies meos : » Vous avez, dit-il, éta-
» bli le cours de ma vie pour être

K vj

» mesuré par le temps »; & c'est ce qui lui fait dire aussi-tôt après : *Et subſtantia mea tanquam nihilum ante te* : « Et ma ſubſtance eſt comme » rien devant vous »; parce que tout mon être dépendant du temps, dont la nature eſt de n'être jamais que dans un moment qui s'enfuit d'une courſe précipitée & irrévocable, il s'enfuit que ma ſubſtance n'eſt rien, étant inſéparablement attachée à cette vapeur légere & volage, qui ne ſe forme qu'en ſe diſſipant, & qui entraine perpétuellement mon être avec elle d'une maniere ſi étrange & ſi néceſſaire, que ſi je ne ſuis le temps, je me perds, parce que ma vie demeure arrêtée; & d'autre part, ſi je ſuis le temps qui ſe perd & coule toujours, je me perds néceſſairement avec lui : *Ecce menſurabiles poſuiſti dies meos, & ſubſtantia mea tanquam nihilum ante te.* D'où paſſant plus outre il conclut : *In imagine pertranſit homo* : « L'homme » paſſe comme les vaines images » que la fantaiſie forme en elle-même, dans l'illuſion de nos ſonges, ſans

corps, fans folidité & fans confi-
ftance.

Mais élevons plus haut nos efprits;
& après avoir regardé le temps dans
cette perpétuelle diffipation , confi-
dérons-le maintenant en un autre
fens, en tant qu'il aboutit à l'éternité; car cette préfence immuable
de l'éternité, toujours fixe, toujours
permanente, enfermant en l'infinité
de fon étendue toutes les différences
des temps, il s'enfuit manifeftement
que le temps peut être en quelque
forte dans l'éternité; & il a plu à
notre grand Dieu, pour confoler les
miférables mortels de la perte continuelle qu'ils font de leur être, par
le vol irréparable du temps, que ce
même temps qui fe perd, fût un
paffage à l'éternité qui demeure:
& de cette diftinction importante
du temps confidéré en lui-même,
& du temps par rapport à l'éternité, je tire cette conféquence infaillible.

Si le temps n'eft rien par hui-même,
il s'enfuit que tout le temps eft perdu
auquel nous n'aurons point attaché
quelque chofe de plus immuable que

lui, quelque chose qui puisse passer à l'éternité bienheureuse. Ce principe étant supposé, arrêtons un peu notre vue sur un vieillard qui auroit blanchi dans les vanités de la terre. Quoique l'on me montre ses cheveux gris ; quoique l'on me compte ses longues années, je soutiens que sa vie ne peut être longue, j'ose même assurer qu'il n'a pas vécu. Car que sont devenues toutes ses années ? Elles sont passées, elles sont perdues. Il ne lui en reste pas la moindre parcelle en ses mains ; parce qu'il n'y a rien attaché de fixe, ni de permanent. Que si toutes ses années sont perdues, elles ne sont pas capables de faire nombre. Je ne vois rien à compter dans cette vie si longue ; parce que tout y est inutilement dissipé. Par conséquent tout est mort en lui ; & sa vie étant vuide de toutes parts, c'est erreur de s'imaginer qu'elle puisse jamais être estimée longue.

Que si je viens maintenant à jetter les yeux sur la Dame si vertueuse qui a gouverné si long-temps cette noble & religieuse Abbaye, c'est-là où je remarque, Fideles, une vieilleſſe vraiment vénérable. Certes, quand elle n'auroit vécu que fort peu d'années, les ayant fait profiter ſi utilement pour la bienheureuſe immortalité, ſa vie me paroîtroit toujours aſſez longue. Je ne puis jamais croire qu'une vie ſoit courte, lorſque j'y vois une éternité toute entiere glorieuſement attachée.

Mais quand je conſidere quatre-vingt-dix ans ſi ſoigneuſement ménagés; quand je regarde des années ſi pleines & ſi bien marquées par les bonnes œuvres; quand je vois dans une vie ſi réglée, tant de jours, tant d'heures & tant de momens comptés & alloués pour l'éternité, c'eſt-là que je ne puis m'empêcher de dire: O temps utilement employé ! ô vieilleſſe vraiment précieuſe ! *Ubi eſt, mors, victoria tua ?* « O mort, » où eſt ta victoire » ? Ta main avare n'a rien enlevé à cette vertueuſe Abbeſſe; parce que ton domaine n'eſt que ſur le temps, & que la ſage Dame, dont nous parlons, déſirant conſerver celui qu'il a plu à Dieu lui donner, l'a fait heureusement paffer dans l'éternité.

Si je l'envifage, Fideles, dans l'intérieur de fon ame, j'y remarque, dans une conduite très-fage, une fimplicité chrétienne. Etant humble dans fes actions & fes paroles, elle s'eft toujours plus glorifiée d'être fille de faint Bernard, que de tant de braves ayeux, de la race defquels elle eft defcendue. Elle paffoit la plus grande partie de fon temps dans la méditation & dans la priere. Ni les affaires, ni les compagnies n'étoient pas capables de lui ravir le temps qu'elle deftinoit aux chofes divines. On la voyoit entrer en fon cabinet avec une contenance, une modeftie & une action toute retirée, & là elle répandoit fon cœur devant Dieu avec cette bienheureufe fimplicité, qui eft la marque la plus affurée des enfans de la nouvelle alliance. Sortie de ces pieux exercices, elle parloit fouvent des chofes divines avec une affection fi fincere, qu'il étoit aifé de connoître que fon ame verfoit fur fes levres fes fenti-

mens les plus purs & les plus profonds. Jufque dans la vieilleſſe la
plus décrépite, elle ſouffroit les
incommodités & les maladies ſans
chagrin, ſans murmure, ſans impa-
tience ; louant Dieu parmi ſes douleurs, non point par une conſtance
affectée, mais avec une modération
qui paroiſſoit bien avoir pour principe une conſcience tranquille, &
un eſprit ſatisfait de Dieu.

Parlerai-je de ſa prudence ſi aviſée
dans la conduite de ſa maiſon ? Chacun
ſait que ſa ſageſſe & ſon économie
en a beaucoup relevé le luſtre. Mais
je ne vois rien de plus remarquable
que ce jugement ſi réglé avec lequel elle a gouverné les Dames qui
lui étoient confiées ; toujours également éloignée & de cette rigueur
farouche, & de cette indulgence
molle & relâchée : ſi bien que
comme elle avoit pour elles une
ſévérité mêlée de douceurs, elles
lui ont toujours conſervé une crainte
accompagnée de tendreſſe, juſqu'au
dernier moment de ſa vie, & dans
l'extrême caducité de ſon âge.

L'innocence, la bonne foi, la

candeur étoient ses compagnes insé-
parables. Elles conduisoient ses desseins, elles ménageoient tous ses
intérêts, elles régissoient toute sa
famille. Ni sa bouche, ni ses oreilles
n'ont jamais été ouvertes à la mé-
disance ; parce que la sincérité de
son cœur en chassoit cette jalousie
secrette, qui envenime presque tous
les hommes contre leurs semblables.
Elle savoit donner de la retenue aux
langues les moins modérés ; & l'on
remarquoit dans ses entretiens cette

I. Cor. XIII,
5.

charité, dont parle l'Apôtre, qui
n'est ni jalouse, ni ambitieuse, toujours si disposée à croire le bien,
qu'elle ne peut pas même soupçonner
le mal.

Vous dirai-je avec quel zèle elle
soulageoit les pauvres membres de
Jesus-Christ ? Toutes les personnes
qui l'ont fréquentée savent qu'on
peut dire, sans flatterie, qu'elle étoit
naturellement libérale, même dans
son extrême vieillesse, quoique cet
âge ordinairement soit souillé des
ordures de l'avarice. Mais cette inclination généreuse s'étoit particuliérement appliquée aux pauvres.

Ses charités s'étendoient bien loin
fur les perfonnes malades & né-
ceffiteufes : elle partageoit fouvent
avec elles ce qu'on lui préparoit pour
fa nourriture ; & dans ces faints em-
preffemens de la charité, qui travailloit fon ame innocente d'une inquiétude pieufe pour les membres
affligés du Sauveur des ames, on
admiroit particuliérement fon humilité, non moins foigneufe de cacher
le bien, que fa charité de le faire.
Je ne m'étonne plus, Chrétiens,
qu'une vie fi religieufe ait été couronnée d'une fin fi fainte.

ORAISON FUNEBRE

DE MESSIRE

HENRI DE GORNAY.

Egalité que la nature a mise entre tous les hommes. Efforts qu'ils font pour se diftinguer les uns des autres. Vices énormes que produit cette orgueilleufe ambition. Haute élévation de l'illuftre Maifon de Gornay. Rares vertus du défunt.

Non privabit bonis eos qui ambulant in inno-
centia : Domine virtutum, beatus homo qui
fperat in te.

Il ne privera point de fes biens ceux qui marchent dans l'innocence : Seigneur des armées, heu-reux eft l'homme qui efpere en vous. Pf.
LXXXIII, 13.

C'EST, Meffieurs, dans ce deffein falutaire que j'efpere aujour-

d'hui vous entretenir de la vie &
des actions de Meffire Henri de
Gornay, Chevalier, Seigneur de Ta-
lange de Louyn fur Seille, que la
mort nous a ravi depuis peu de
jours ; où, rejettant loin de mon
efprit toutes les confidérations profanes, & les baffeffes honteufes de
la flatterie, indignes de la majefté
du lieu où je parle ; & du miniftere
facré que j'exerce, je m'arrêterai à
vous propofer trois ou quatre réflexions, tirées des principes du
Chriftianifme, qui ferviront fi Dieu
le permet, pour l'inftruction de
tout ce peuple, & pour la confolation particuliere de fes parens &
de fes amis.

Quoique Dieu & la nature aient
fait tous les hommes égaux, en les
formant d'une même boue ; la vanité humaine ne peut fouffrir cette
égalité, ni s'accommoder à la loi
qui nous a été impofée, de les regarder tous comme nos femblables.
Delà naiffent ces grands efforts, que
nous faifons tous, pour nous fé-
parer du commun, & nous mettre
en un rang plus haut par les charges

ou par les emplois, par le crédit ou par les richesses. Que si nous pouvons obtenir ces avantages extérieurs, que la folle ambition des hommes a mis à un si grand prix, notre cœur s'enfle tellement que nous regardons tous les autres comme étant d'un ordre inférieur à nous ; & à peine nous reste-t-il quelque souvenir de ce qui nous est commun avec eux.

Cette vérité importante, & connue si certainement par l'expérience, entrera plus utilement dans nos esprits, si nous considérons avec attention trois états, où nous passons tous successivement ; la naissance ; le cours de la vie, sa conclusion par la mort. Plus je remarque de près la condition de ces trois états, plus mon esprit se sent convaincu que quelque apparente inégalité que la fortune ait mise entre nous, la nature n'a pas voulu qu'il y eût grande différence d'un homme à un autre.

Et premiérement la naissance a des marques indubitables de notre commune foiblesse. Nous commençons tous notre vie par les mêmes infirmités de l'enfance : nous saluons tous, en entrant au monde, la lumiere du jour par nos pleurs ; & le premier air que nous respirons, nous sert à tous indifféremment à former (a) des cris. Ces foiblesses de la naissance attirent sur nous tous généralement une même suite d'infirmités dans tout le progrès de la vie ; puisque les grands, les petits & les médiocres, vivent également assujettis aux mêmes nécessités naturelles, exposés aux mêmes périls, livrés en proie aux mêmes maladies. Enfin, après tout, arrive la mort, qui, foulant aux pieds l'arrogance humaine, & abattant sans ressource toutes ces grandeurs imaginaires, égale pour jamais toutes les conditions différentes, par lesquelles les ambitieux croyoient s'être mis au dessus des autres : de sorte qu'il y a beaucoup de raison de nous comparer à des eaux courantes, comme fait l'Ecriture-Sainte. Car de même que quelque inégalité

(a) pousser.

qui paroiſſe dans le cours des riviei
res, qui arroſent la ſurface de la
terre, elles ont toutes cela de commun, qu'elles viennent d'une petite
origine; que dans le progrès de leur
courſe, elles roulent leurs flots en
bas par une chûte continuelle, &
qu'elles vont enfin perdre leurs
nóms avec leurs eaux, dans le
ſein immenſe de l'Océan, où l'on
ne diſtingue point le Rhin, ni le
Danube, ni ces autres fleuves renommés, d'avec les rivieres les plus
inconnues, ainſi tous les hommes
commencent par les mêmes infirmités. Dans le progrès de leur âge,
les années ſe pouſſent les unes les
autres comme des flots : leur vie
roule & deſcend ſans ceſſe à la
mort, par ſa peſanteur naturelle ;
& enfin, après avoir fait, ainſi que
des fleuves, un peu plus de bruit
les unes que les autres, ils vont
tous ſe confondre dans ce gouffre
infini du néant, où l'on ne trouve
plus ni Rois, ni Princes, ni Capitaines, ni tous ces autres auguſtes
noms qui nous ſéparent les uns
des autres, mais la corruption &

les

les vers, la cendre & la pourriture
qui nous égalent. Telle eſt la loi de
la nature, & l'égalité néceſſaire à
laquelle elle ſoumet tous les hommes
dans ces trois états remarquables,
la naiſſance, la durée, la mort.

Que pourront inventer les enfans
d'Adam, pour combattre, pour couvrir, ou pour effacer cette égalité,
qui eſt gravée ſi profondément dans
toute la ſuite de notre vie? Voici,
mes Freres, les inventions par leſquelles ils s'imaginent forcer la nature, & ſe rendre différens des
autres, malgré l'égalité qu'elle a
ordonnée. Premiérement, pour
mettre à couvert la foibleſſe commune de la naiſſance, chacun tâche
d'attirer ſur elle toute la gloire de
ſes ancêtres, & la rendre plus éclatante par cette lumiere empruntée.
Ainſi l'on a trouvé le moyen de
diſtinguer les naiſſances illuſtres
d'avec les naiſſances viles & vulgaires, & de mettre une différence
infinie entre le ſang noble & le ro-
turier, comme s'il n'avoit pas les
mêmes qualités, & n'étoit pas
compoſé des mêmes élémens; &

par-là, vous voyez déja la naiffance magnifiquement relevée. Dans le progrès de la vie, on fe diftingue plus aifément par les grands emplois, par les dignités éminentes, par les richeffes & par l'abondance. Ainfi on s'éleve & on s'aggrandit, & on laiffe les autres dans la lie du peuple. Il n'y a donc plus la mort, où l'arrogance humaine eft bien confondue ; car c'eft-là que l'égalité eft inévitable : & encore que la vanité tâche en quelque forte d'en couvrir la honte par les honneurs de la fépulture, il fe voit peu d'hommes affez infenfés pour fe confoler de leur mort par l'efpérance d'un fuperbe tombeau, ou par la magnificence de fes funérailles. Tout ce que peuvent faire ces miférables amoureux des grandeurs humaines, c'eft de goûter tellement la vie, qu'ils ne fongent point à la mort. La mort jette divers traits [qui préparent fon triomphe, Elle fe fait fentir] dans toute la vie par la crainte, [les maladies, les accidens de toute efpece] ; & fon dernier coup eft inévitable. Les hommes

ſuperbes croient faire beaucoup d'é-
viter les autres : c'eſt le ſeul moyen
qui leur reſte de ſecouer, en quelque façon, le joug inſupportable de
ſa tyrannie, lorſqu'en détournant
leur eſprit, ils n'en ſentent pas l'a-
mertume.

C'eſt ainſi qu'ils ſe conduiſent à
l'égard de ces trois états, & delà
naiſſent trois vices énormes, qui
rendent ordinairement leur vie cri-
minelle : car cette ſuperbe grandeur dont ils ſe flattent dans leur
naiſſance, les fait vains & auda-
cieux. Le deſir démeſuré, dont ils
ſont pouſſés de ſe rendre conſidé-
rables (a) au deſſus des autres,
dans tout le progrès de leur âge,
fait qu'ils s'avancent à la grandeur
par toutes ſortes de voies, ſans
épargner les plus criminelles; &
l'amour déſordonné des douceurs
qu'ils goûtent, dans une vie pleine
de délices, détournant leurs yeux
de deſſus la mort, fait qu'ils tom-
bent entre ſes mains ſans l'avoir

____

(a) recommandables.

prévue : au lieu que l’illuſtre Gentilhomme, dont je vous dois aujourd’hui propoſer l’exemple, a tellement ménagé toute ſa conduite, que la grandeur de ſa naiſſance n’a rien diminué de la modération de ſon eſprit ; que ſes emplois glorieux dans la ville & dans les armées, n’ont point corrompu ſon innocence ; & que, bien-loin d’éviter l’aſpect de la mort, il l’a tellement méditée, qu’elle n’a pas pu le ſurprendre, même en arrivant tout-à-coup, & qu’elle a été ſoudaine ſans être imprévue.

Si autrefois le grand ſaint Paulin, digne Prélat de l’Egliſe de Nole, en faiſant le Panégyrique de ſa parente ſainte Mélanie, a commencé les louanges de cette Veuve, ſi renommée par la nobleſſe de ſon extraction ; je puis bien ſuivre un ſi grand exemple, & vous dire un mot en paſſant de l’illuſtre maiſon de Gornay, ſi célebre & ſi ancienne. Mais pour ne pas traiter ce ſujet d’une maniere profane, comme fait la rhétorique mondaine, rechefchons, par les Ecritures, de

Ad Sever. Epiſt. XXIX, n. 7, p. 178. Ed. Murat.

quelle forte la nobleſſe eſt recommandable, & l'eſtime qu'on en doit faire ſelon les maximes du Chriſtianiſme.

Et premiérement, Chrétiens, c'eſt déja un grand avantage qu'il ait plu à notre Sauveur de naître d'une race illuſtre, par la glorieuſe union du ſang royal & ſacerdotal dans la famille d'où il eſt ſorti : *Regum & Sacerdotum clara progenies.* Et pour quelle raiſon, lui qui a mépriſé toutes les grandeurs humaines, qui n'a appellé, « Ni beaucoup de ſages, ni beaucoup de nobles »? *Non multi ſapientes, non multi nobiles.* Pourquoi a-t-il voulu naître de parens illuſtres? Ce n'étoit pas pour en recevoir de l'éclat; mais plutôt pour en donner à tous ſes ancêtres. Il falloit qu'il ſortît des Patriarches, pour accomplir en ſa perſonne toutes les bénédictions qui leur avoient été annoncées. Il falloit qu'il naquît des Rois de Juda, pour conſerver à David la perpétuité de ſon trône, que tant d'Oracles divins lui avoient promiſe.

Louer dans un Gentilhomme Chré-

Ibid. pag. 179.

1. Cor. I, 26.

tien ce que Jesus-Christ même a voulu avoir, [n'auroit rien, ce semble, que de conforme aux regles de la Foi. Mais cette nobleſſe temporelle eſt en foi trop] peu de choſe, pour qu'on doive s'y arrêter; c'eſt un ſujet trop profane, [pour mériter les éloges des Prédicateurs]. Néanmoins [nous louerons ici] d'autant plus volontiers [la nobleſſe de la famille du défunt,] qu'il y a quelque choſe de ſaint à traiter. Je ne dirai point ni les grandes charges qu'elle a poſſédées, ni avec quelle gloire elle a étendu ſes branches dans les nations étrangeres, ni ſes alliances illuſtres avec les Maiſons Royales de France & d'Angleterre, ni ſon antiquité, qui eſt telle que nos chroniques n'en marquent point l'origine. Cette antiquité a donné lieu à pluſieurs inventions fabuleuſes, par leſquelles la ſimplicité de nos peres a cru donner du luſtre à toutes les Maiſons anciennes; à cauſe que leur antiquité, en remontant plus loin aux ſiecles paſſés dont la mémoire eſt toute effacée, a donné aux hommes une plus grande liberté de feindre. La hardieſſe humaine n'aime pas à demeurer court ; où elle ne trouve rien de certain, elle invente. Je laiſſe toutes ces conſidérations profanes ; pour m'arrêter à des choſes ſaintes.

Saint Livier, qui vivoit environ l'an 400, ſelon la ſupputation la plus exacte, eſt la gloire de (a) la Maiſon de Gornay. Le ſang qu'a répandu ce généreux Martyr, l'honneur de la ville de Metz, pour la cauſe de Jeſus-Chriſt, vous donne plus de gloire que celle que vous avez reçue de tant d'illuſtres ancêtres. [Vous pouvez dire, à juſte titre, avec Tobie] : » Nous ſommes » la race des Saints » : *Filii Sanctorum ſumus.* L'hiſtoire remarque que ſaint Livier étoit iſſu de » Parens » illuſtres » : *Claris parentibus ;* ce

Tobie, II, 18.

____

(a) M. Boſſuet n'examine point ici en Généalogiſte l'origine de la Maiſon de Gornay : il s'en tient à l'opinion que cette Maiſon, comme bien d'autres, pouvoit avoir de ſon antiquité ; & ſi le Prélat en eût diſcuté les preuves, il n'eſt pas douteux, après ce qu'il a dit quelques lignes plus haut, qu'il auroit bien rabattu des prétentions de cette Maiſon.

L iv

qui eſt une conviction manifeſte qu'il faut reprendre la grandeur de cette Maiſon d'une origine plus haute.

Mais tous ces titres glorieux n'ont jamais donné l'orgueil (au reſpectable défunt que nous regrettons) : il a toujours mépriſé les vanteries ridicules, dont il arrive aſſez ordinairement que la Nobleſſe étourdit le monde. Il a cru que ces vanteries étoient plutôt dignes des races nouvelles, éblouies de l'éclat non accoutumé d'une nobleſſe de peu d'années ; mais que la véritable marque des Maiſons illuſtres, auxquelles la grandeur & l'éclat étoient, depuis pluſieurs ſiecles, paſſés en nature, ce devoit être la modération. Ce n'eſt pas qu'il ne jettât les yeux ſur l'antiquité de ſa race, dont il poſſédoit parfaitement l'hiſtoire : mais comme il y avoit des Saints dans ſa race, il avoit raiſon de la contempler pour s'animer par ces grands exemples. Il n'étoit pas de ceux qui ſemblent être perſuadés que leurs ancêtres n'ont travaillé, que pour leur donner ſujet de parler de leurs actions & de leurs emplois. Quand

il regardoit les siens, il croyoit que
tous ses ayeux illustres lui crioient
continuellement, jusque des siecles
les plus reculés : Imite nos actions,
ou ne te glorifies pas d'être notre
fils. Il se jetta dans les exercices de
sa profession, à l'imitation de saint
Livier : il commença à faire la guerre
contre les Hérétiques rebelles. Il
devint premier Capitaine & Major
dans Falzbourg, Corps célebre &
renommé. Les belles actions qu'il y
fit l'ayant fait connoître par le Cardinal de Richelieu, auquel la vertu
ne pouvoit pas être cachée, [il s'en
servit avantageusement dans les]
négociations d'Allemagne. [Mais par-
tout il montra une vertu digne de
sa naissance]. Ordinairement ceux
qui sont dans les emplois de la guerre,
croient que c'est une prééminence
de l'épée de ne s'assujettir à aucunes
loix. Pour lui, il a révéré celles de
l'Eglise, [jusque dans les points qui
paroissoient les plus incompatibles
avec son état]. Jamais on ne l'a vu
violer les abstinences [prescrites,
sans une raison capable de lui procurer une dispense légitime]. Com-

ment n'auroit-il pas refpecté la loi qu'il recevoit de toute l'Eglife; puifqu'il obfervoit fi foigneufement, & avec tant de religion, celles que fa dévotion particuliere lui avoit impofées ? Il jeûnoit réguliérement tous les Samedis, gardoit, avec la plus fcrupuleufe exactitude & le plus grand refpect, toutes les pratiques que la Religion lui impofoit. Bien différent de ces Militaires qui déshonorent la profeffion des armes par cette honte trop commune de bien faire les exercices de la piété. On croit affez faire, pourvu qu'on obferve les ordres du Général. Sa vieilleffe, quoique pefante, n'étoit pas fans action : fon exemple & fes paroles animoient les autres. Il eft mort trop tôt : non; car la mort ne vient jamais trop foudainement, quand on s'y prépare par la bonne vie.

HISTOIRE ABRÉGÉE

DE LA VIE

DE MESSIRE

NICOLAS CORNET.

Nicolas Cornet naquit à Amiens
le 12. Octobre 1592. Après ses premieres études, il entra chez les Jésuites, où il passa quelques années;
& il s'y seroit probablement fixé sans
une maladie qui l'obligea d'en sortir.
Mais il en conserva l'esprit; & comme
dit M. de Burigny, dans la vie de
M. Bossuet, il aimoit fort les Jésuites, & étoit très-attaché à leur doctrine. Aussi se montra-t-il toujours
parfaitement dévoué à la Société;
& dans toutes les occasions qui se
présenterent de la servir, il lui donna
des marques de son affection.

L vj

Nicolas Cornet rendu à lui-même, travailla à prendre des degrés en Sorbonne, & reçut, en 1626, le bonnet de Docteur. Appuyé du crédit des Jéfuites, il ne pouvoit manquer de s'avancer dans fon nouvel état. Il eut fucceffivement la confiance des Cardinaux de Richelieu & Mazarin, & fut admis dans leur Confeil de confcience. Il s'acquit une grande autorité dans la Faculté de Théologie ; mais malheureufement ce ne fut pas fans y caufer beaucoup de troubles. On l'accufoit d'avoir voulu, contre les Statuts de l'Univerfité & les Arrêts confirmatifs du Parlement, qui ne permettent pas aux Docteurs mendians de fe trouver plus de deux de chaque Ordre aux affemblées de la Faculté, fe faire inftaller dans la charge de Syndic, par une brigue de Docteurs de ces différens Ordres.

Le célebre M. Filleffac, Doyen de la Faculté, qui n'avoit pu fe trouver à l'affemblée, en écrivit au Cardinal de Richelieu en ces termes. » Plufieurs Docteurs de nos » confreres m'étant venu voir, me

» représenterent deux défauts con-
» sidérables dans cette élection ; l'un
» est de la personne, l'autre en la
» forme de l'élection. Quant au pre-
» mier, ils me le représenterent
» comme un jeune Docteur, reçu il y
» a environ cinq ans, qui ne sait ni
» nos Statuts, ni nos coutumes, ni
» nos formes. De plus il a toujours
» été élevé & instruit par les Jésui-
» tes, même ayant eu volonté de se
» ranger à leur Société, & pour cet
» effet mis à leur Noviciat, il auroit
» été exercé quelque temps ; & n'eut
» été la maladie qui lui survint, il
» seroit peut-être maintenant de leur
» Société, à laquelle néanmoins il
» demeure attaché d'affection. Et
» chacun sait le peu de sujet que
» nous avons de nous louer d'eux,
» vu tant de libelles diffamatoires
» qu'ils ont écrit contre nous ci-de-
» vant & naguere ceux qu'ils ont pu-
» blié contre notre censure pronon-
» cée contre deux livres, composés
» par deux Jésuites Anglois : & où
» il arriveroit quelque semblable
» écrit partant de ladite Société, ledit
» Syndic ne manqueroit de traver-

» fer cette affaire, & généralement
» toute autre qui regarderoit icelle
» Société, comme il est arrivé assez
» souvent; ce qui feroit un perpé-
» tuel fujet de trouble & de divifion
» entre nous.... Pour ce qui est du
» fecond défaut, des cinquante Doc-
» teurs qui fe trouverent en l'élec-
» tion le premier Octobre, il y en
» eut vingt-quatre qui opinerent
» qu'il falloit attendre le retour du
» Doyen, & les autres vingt-fix
» élurent ce nouveau Syndic; & en ce
» nombre fe trouverent dix-huit
» Religieux mendians pratiques par
» M. le Nonce; & parmi iceux il y
» avoit deux Religieux mendians
» interdits par la Faculté. Vous con-
» fidérerez, s'il vous plaît, Monfei-
» gneur, que cela ne s'est jamais vu,
» que le Nonce de fa Sainteté fe
» mêlât de nos affaires, & entreprît
» de nous donner des Syndics, au
» préjudice des droits du Roi, des
» Libertés de l'Eglife Gallicane, &
» maximes du Royaume. Que fi l'on
» agrée ce procédé, & que ce pou-
» voir de M. le Nonce foit confirmé,
» je crois en confcience me devoir

» décharger du Décanat, avant que
» de voir de mes yeux la ruine
» évidente de notredite Faculté, par
» la perte de sa liberté ». Malgré ces
graves représentations d'un Doyen,
pour lequel le Cardinal, ainsi que
tous les Ordres de l'Etat, avoit
beaucoup d'estime, & les réclama-
tions des Docteurs les plus distingués ;
Nicolas Cornet appuyé du crédit des
Jésuites l'emporta, & fut maintenu
dans sa place.

Depuis cette époque, la paix &
la bonne intelligence ne purent être
parfaitement rétablies dans la Faculté.
Le nouveau Syndic, continuellement
appliqué à favoriser ses protecteurs
& ses anciens amis, s'aliéna les
principaux Docteurs ; & sa conduite
devint une source de division entre
les différens membres de la Sorbonne.
On ne voyoit qu'avec une juste
peine, que par ses entreprises le sieur
Cornet se fût tellement rendu maître
des délibérations de la Faculté, qu'il
s'arrogeoit même le droit de changer, d'ajouter ou retrancher à ses
conclusions, en les rédigeant selon

les différentes vues qu'il pouvoit avoir.

Ce qui se passa nommément dans les assemblées tenues en 1648, touchant un livre du Pere Veron, indisposa de plus en plus les esprits & fut la semence de nouvelles contestations. Le livre de ce Jesuite étoit si rempli d'erreurs & de calomnies, que le ministere public se crut obligé d'en arrêter le débit & de le supprimer. Les Docteurs zélés pour la sainte doctrine le dénoncerent en Sorbonne, & voulurent l'y faire censurer. Mais le sieur Cornet, malgré l'indignation que les propositions extraites de ce livre exciterent dans l'assemblée, ne chercha qu'à l'éluder ; & trouva moyen par ses difficultés, de faire remettre la délibération à un autre temps. Lorsqu'il fut question de reprendre l'affaire dans l'assemblée du mois suivant, le Docteur qui portoit la plainte ayant voulu exposer avec beaucoup de modération quelques-unes des maximes les plus pernicieuses du livre du Pere Veron, M. Cornet l'interrompit plusieurs fois, & n'omit rien pour le troubler, & empêcher qu'il ne fût entendu. Le temps s'écoula ainsi en altercations affectées, & l'examen fut encore renvoyé à l'assemblée prochaine. Mais tout ce qu'on put faire dans cette assemblée pour parvenir à une délibération, n'eut pas un meilleur succès. M. Cornet se déclara hautement le protecteur du Pere Veron : il employa toutes ses adresses à le justifier ; & trouva moyen d'embarrasser l'affaire de tant de discussions, que la Faculté, pour le bien de la paix, crut devoir s'abstenir de l'examen du libelle de Veron. Le Syndic dressa la conclusion à sa maniere, en y dénaturant les faits, & y inséra des choses dont l'assemblée n'étoit pas convenue.

Un des principaux griefs des anciens Docteurs contre le Syndic, c'étoit que pour reconnoître les bons offices que lui rendoient les Mendians, qui lui étoient parfaitement dévoués, & multiplier des voix dont il étoit si assuré, il en faisoit recevoir dans les licences, & élever au degré de Docteur, un bien plus grand nombre qu'il ne devoit en introduire dans la Faculté, selon ses Statuts & les Arrêts du Parlement. Delà, des troubles & des oppositions qui éclaterent, & obligerent le Parlement d'envoyer deux Conseillers en Sorbonne pour y procurer l'exécution des Arrêts de la Cour. Mais ils y éprouverent tant de résistance de la part du sieur Cornet & de ses adhérans, qu'après avoir témoigné un juste mécontentement de leurs procédés, ils déclarerent qu'ils en chargeroient leur procès-verbal, & informeroient la Cour de la désobéissance qu'ils avoient trouvée en cette assemblée pour les Arrêts.

La plus grande affaire qui se soit traitée en Sorbonne pendant le syndicat de Nicolas Cornet, est sans contredit celle de cinq propositions, tant par l'importance de la matiere, que par les suites qu'elle a eues dans toute l'Eglise. Il y avoit déja du temps que le Syndic méditoit son dessein ; & il avoit comme préparé les voies à l'exécution, par la clause qu'il mit à la fin de la conclufion prife l'année précédente à pareil jour, fur le livre du Pere Veron. Comme le fieur Cornet avoit allégué, pour empêcher la cenfure de ce livre, qu'il falloit, fi l'on vouloit y procéder, examiner auffi les propofitions d'un autre ouvrage que le Pere Veron attaquoit dans le fien; & que les difficultés & les longueurs d'une pareille difcuffion, qui furent grandement exagérées par les partifans du Syndic, obligerent la Faculté de s'abftenir de cet examen : Nicolas Cornet ajouta à la conclufion une queue qui portoit que, « Si toutefois, » nonobftant les difficultés qui ren- » doient alors cet examen fi diffi- » cile, qu'il n'y falloit point du tout » penfer, il plaifoit à Dieu d'inf- » pirer à quelqu'un de préfenter à » la Faculté quelques propofitions; » pour y être examinées & déci- » dées, il lui feroit libre de le faire » à deux mois delà ». Il paroît bien que le defir de maintenir la paix dans la Faculté n'étoit pas le vrai motif qui engageoit à s'oppofer à la cenfure du livre du Pere Veron;

puifqu'on ne craignoit point de la troubler deux mois après, par des propofitions qu'on trouvoit alors d'une difcuffion fi longue & fi difficile.

Enfin l'année fuivante 1649, à pareil jour, lorfqu'à peine la tranquillité publique venoit d'être rétablie par le traité de Ruel, les projets du fieur Cornet fe développerent. Jufque là les difpofitions pacifiques des mieux intentionnés de la Sorbonne ne leur avoient pas permis de foupçonner feulement les intentions du Syndic. Mais dans cette affemblée, le concours prodigieux des Docteurs féculiers & réguliers que M. Cornet y avoit fait venir de toutes parts, fans qu'on fût pourquoi, commença à donner des défiances. M. Cornet lui-même contribua par fon air à les fortifier; car il parut plus agité & plus penfif qu'à fon ordinaire : & quoiqu'il eut eu tout le temps néceffaire pour faire fes réflexions, & fe rendre fa réfolution familiere, il héfitoit cependant & paroiffoit interdit, lorfqu'il étoit fur le point de l'exécuter;

comme s'il eut quelque preſſenti-
ment des grandes ſuites qu'auroit
ſa dénonciation. Quant il voulut
commencer à parler, pour inſtruire
l'aſſemblée de l'objet de ſa convo-
cation ; après avoir ouvert à demi
la bouche, deux ou trois fois il la
ferma & baiſſa la vue ; puis la rele-
vant, il ſe tourna vers la porte du
lieu de l'aſſemblée, dont il étoit fort
éloigné, parce que cette aſſemblée
ſe tenoit dans la grande ſalle de Sorbonne ; & voyant cette porte tant
ſoit peu entrebailler, il commanda
à celui qui la gardoit de la fermer
entiérement.

Enfin, après ces héſitations & ces
combats, & avoir ainſi tenu les
Docteurs aſſez long-temps dans
l'attente de ce qu'il avoit à leur
propoſer, il commença par alléguer
vaguement des opinions nouvelles,
qu'on cherchoit, dit-il, à inſinuer
dans la Sorbonne, en les gliſſant
dans les theſes des Bacheliers. Il ſe
plaignit d'une prétendue déſobéiſ-
ſance de quelques-uns d'entre eux,
qu'il accuſa, quoique ſans fondement,
de ne tenir aucun compte des cor-

rections qu'on faifoit dans leurs thefes. Pour remédier à ces abus, il requit qu'il plût à la Faculté de déclarer fon fentiment fur quelques propofitions qui donnoient, difoit-il, occafion à tous ces défordres, & qui excitoient ces contentions. En conféquence il rapporta fept propofitions, qu'il n'attribua à aucun auteur, & fur lefquelles il pria la Faculté de délibérer.

Pour procéder à un jugement il falloit nommer des Députés : auffi avoit-on eu foin dans le parti du fieur Cornet de convenir de ceux qu'on prendroit pour cette opéra-tion. Les premiers opinans, qui étoient du fecret, les défignerent; & même l'un d'entre eux qui avoit craint de confier leurs noms à fa mémoire, les lut fur un papier où il les avoit écrits : tous ceux qui étoient livrés au Syndic applaudirent à ce choix. Cependant un grand nombre de Docteurs des plus mé-ritans s'oppoferent à cette délibéra-tion, ou furent d'avis de prendre des Députés plus capables d'un examen de cette importance. Mais le parti de M. Cornet, grossi de tous les Docteurs mendians qu'il avoit pu ramasser, l'emporta ; & son vœu forma la conclusion.

Bientôt les Députés s'assemblerent & commencerent leur examen. L'affaire eût été promptement décidée, si l'on eût suivi le plan de quelques-uns des Députés, à qui les promoteurs de cette entreprise avoient suggéré leurs vues. Mais il y en eut qui voulurent & demanderent qu'on se conduisît avec plus de maturité. Au reste les délais qu'on put apporter, ne changerent rien à la maniere dont on étoit résolu de traiter les questions. Plusieurs Députés mécontens de tous ces procédés, se retirerent entiérement des assemblées; d'autres, par différens motifs, n'assisterent point à toutes les séances : & néanmoins, contre la loi qui défend que des Commissaires puissent agir en l'absence les uns des autres, si leur commission ne le porte expréssément ; ceux des Députés qui resterent, comme étant le plus grand nombre, se crurent en droit de passer outre.

Déja ils se disposoient à faire leur rapport à la Faculté, lorsque plus de soixante Docteurs, sensiblement affligés de ce violement de toutes les regles, crurent devoir y apporter quelque remede. Pour prévenir les maux dont on étoit menacé, ils se rendirent appellans comme d'abus de la conclusion de la Faculté & de tout ce qui s'en étoit ensuivi. Le sieur Cornet & ses adhérans ne négligerent rien pour empêcher le jugement de cet appel. Dans le dessein de pouvoir dresser de nouvelles batteries, ils firent proposer aux Docteurs opposans, par le premier Président, une tréve de trois à quatre mois ; afin de donner, disoient-ils, aux esprits le loisir de se calmer, & travailler pendant cet intervalle à trouver les moyens de les concilier : mais dans le fait, pour pouvoir pendant ce délai se tourner du côté de Rome, & en obtenir la censure qui avoit été projettée.

Les Docteurs opposans, qui ne cherchoient que la paix, & qui aimoient à supposer les mêmes intentions

tentions dans leurs adverfaires, donnerent volontiers les mains à cet
accommodement. Mais à peine venoit-
il d'être conclu, que les auteurs de
la vifion témoignerent bien ne
vouloir pas fincérement le rétablif-
fement de la concorde. Il avoit été
convenu, en préfence de M. le premier Préfident, qu'il ne refteroit
dans les regiftres aucun veftige de
ce qui s'étoit paffé fur ce fujet dans
les affemblées du mois de Juillet &
du mois d'Août. Cependant les
Docteurs qui pourfuivoient la cenfure, & qui n'avoient confenti à
interrompre leurs opérations, que
dans l'efpérance de faire prononcer
Rome, n'étant pas affurés du fuccès
de ce côté-là, voulurent fe réferver un moyen pour renouveller
l'affaire en Sorbonne dans une occafion plus favorable. C'eft pourquoi
l'un d'eux s'efforça de faire inférer
dans les regiftres une obfervation,
qui tendoit à leur laiffer la liberté
de reprendre la délibération après
l'expiration du terme convenu. Et
fur les reproches qui lui furent faits
de manquer à la parole donnée à

M. le premier Préſident; il répondit gravement qu'ils lui avoient bien promis de ne rien faire avant quatre mois ; mais qu'ils n'avoient pas promis de ne rien dire.

Les choſes n'en demeurerent pas là. Les Docteurs attachés au ſieur Cornet, impatiens de la gêne où les mettoit l'accommodement, en violerent encore plus ouvertement les conditions, en répandant dans le même mois des copies manuſcrites d'un projet de cenſure des ſept propoſitions, ſigné du Syndic & de tous les Députés; quoique pluſieurs d'entr'eux ſe fuſſent retirés des aſſemblées, & que d'autres n'euſſent pas aſſiſté à la concluſion.

Les Docteurs oppoſans, ſurpris avec raiſon d'un procédé auſſi étrange, comprirent bien que le deſſein des adverſaires étoit de ſe ſervir de cette cenſure, qu'on attribueroit à la Sorbonne, pour engager plus aiſément Rome à en accorder une. Ils ſentirent la néceſſité de travailler ſans délai à empêcher les mauvais efforts d'une conduite ſi irréguliere. Dans cette vue ils préſenterent au

Parlement une nouvelle requête, par laquelle ils demandoient qu'il fût fait droit à la premiere, & qu'il leur fût permis d'affigner à la Cour M. Nicolas Cornet & fes adjoints, pour connoître, avouer ou défavouer ladite prétendue cenfure. La Cour, pour l'honneur de la Faculté, crut devoir prendre plutôt la qualité de Médiatrice que de Juge ; & voulut, avant de prononcer, employer les moyens les plus propres pour terminer amiablement la conteftation. Ainfi elle manda à fon audience plufieurs Docteurs des deux partis. Chacun d'eux fut entendu avec beaucoup de bonté. M. le Coigneux, Préfident de la Chambre des vacations, les exhorta à s'accorder charitablement, fans que la Cour fût obligée de les contenir par fes Arrêts. Et fur la réponfe des Appellans, qu'après l'expérience qu'ils avoient faite es difpofitions pleines de déguifement & d'artifice de leurs adverfaires, ils ne pouvoient plus s'y fier ; M. le Préfident leur dit : « Quoi, fi ces Meffieurs vous pro-
» mettent de bonne foi, en préfence

» de cette Compagnie, qu'ils ne
» penseront plus à ce qui s'est fait,
» & qu'ils ne feront rien davantage
» à l'avenir, craignez-vous qu'ils y
» manquent ? » Un des opposans
lui répondit : « Messieurs, si c'étoit
» M. Hennequin qui nous donnât
» cette parole, & que l'exécution
» dépendît de lui, nous nous en
» tiendrions assurés ; parce que c'est
» un homme de probité & sincere ;
» mais nous n'avons pas cette idée
» de ces Messieurs - là ; nous ne
» pouvons pas nous y fier ».

M. le Président s'adressant alors
à M. Cornet, lui demanda s'il ne
vouloit pas essayer de contenter
ses parties, & promettre de bonne
foi à la Compagnie, de demeurer
en repos sur ce sujet-là. M. Cornet
répondit en ces termes : « Monsieur,
» nous promettons de tenir tout
» ce que nous avons promis à M. le
» Président, » M. le Coigneux lui
répliqua : « Ah, Messieurs, parlez
» françois ; ces paroles vagues &
» ces promesses générales ne font
» point des discours à tenir en cette
» Compagnie : la Sorbonne n'est

» point en réputation d'ufer d'équi-
» voques ». Après cet interlocu-
toire, les Docteurs fe retirerent; &
la Cour convaincue de la néceſſité
d'apporter un prompt remede à
ces diſſentions, rendit, le 5 Octobre 1649, un Arrêt « qui faiſoit
» inhibitions & défenſes auxdites
» parties reſpectivement, tant de
» publier ledit écrit & projet de
» cenſure, que d'agiter & mettre en
» queſtion les propoſitions y con-
» tenues, écrite ou publier aucunes
» choſes fur icelles, directement ou
» indirectement, en quelque forte
» & maniere que ce fût, juſqu'à ce
» que autrement par la Cour en eût
» été ordonné ».

Malgré cet Arrêt, le ſieur Cornet
& ſes Adhérans ne perdirent point
de vue leur projet : mais les difficultés qu'ils éprouverent pour l'é-
xécution du côté de la Sorbonne,
les déterminerent à faire ſolliciter
vivement à Rome un jugement,
qu'appuyé du crédit des Jéſuites
qui les avoient mis en œuvre, ils
parvinrent à faire prononcer au gré

de leur defirs, & tel que perfonne n'ignore.

Nicolas Cornet quitta le fyndicat à la fin de l'année 1649, & employa tout fon crédit à réunir les fuffrages en faveur de M. Hallier, qui défiroit avoir pour fucccefleur ; parce qu'il étoit affuré qu'il feconderoit fes defleins. Nombre de Docteurs, pour de très-folides raifons, & principalement parce que M. Hallier avoit approuvé la doctrine régicide du Jéfuite Sanctarel, que la Faculté avoit cenfurée, s'oppoferent à cette élection, ce qui occafionna dans la Faculté de vifs débats, qui furent enfin appaifés au moyen de différentes promefles qu'on exigea de M. Hallier ; mais qu'il ne fe mit guere en peine de tenir lorfqu'il fut affermi dans fa place.

M. Bofluet ayant été envoyé à Paris en 1642, pour y faire fa philofophie, l'étudia dans le Collége de Navarre, dont Nicolas Cornet étoit Grand-Maître. L'efprit & les belles qualités du jeune Bofluet porterent le Grand-Maître à s'intéreffer, d'une maniere toute particuliere, au fuccès de fes études ; & il ne ceffa de lui donner des marques de la plus tendre affection. Auffi M. Boffuet fe lia-t-il très-étroitement à ce Grand-Maître : cependant quel que fût fon attachement pour fa perfonne, il ne crut pas devoir déférer à fes avis fur le parti qu'il avoit à prendre lorfqu'il eut reçu le bonnet de Docteur.

Nicolas Cornet avoit imaginé d'élever au Collége de Navarre un bâtiment, qui pût difputer de magnificence à ce que le Cardinal de Richelieu avoit fait en faveur de la Sorbonne , & il le propofa au Cardinal Mazarin, auprès duquel il avoit beaucoup d'accès. Ce Miniftre agréa le projet : mais quand il fut queftion de commencer l'ouvrage, le Grand-Maître fut retenu par la confidération de fon âge avancé, & de la foibleffe de fa fanté. Il craignit avec raifon, que fi le Cardinal & lui mouroient au milieu de l'exécution, le Collége de Navarre ne fe trouvât dans un état encore plus fâcheux que celui où il étoit auparavant. Pour prévenir une partie de ces inconvéniens; dès que Nicolas Cornet vit l'Abbé Bossuet Docteur, il le sollicita vivement d'accepter la place de Grand-Maître de Navarre. Afin de l'y déterminer, il lui représenta que ce poste ne pouvoit que contribuer à son avancement, par la liaison qu'il lui procureroit avec le premier Ministre. Il lui fit encore envisager la gloire que lui acquerroit le service signalé qu'il rendroit à la maison de Navarre & à tout le corps de l'Université, qui verroit avec une extrême satisfaction son plus ancien Collége être ainsi décoré.

Mais l'Abbé Bossuet ne put se résoudre à suivre les idées du Grand-Maître. Il regarda son projet, dit l'auteur de la vie de M. Bossuet, comme inspiré plutôt par la rivalité & la vanité, que par des motifs de religion. Ainsi il crut que Dieu demandoit de lui préférablement qu'il se retirât à Metz, où l'appelloit son devoir de Chanoine & d'Archidiacre de cette Eglise.

Nicolas Cornet mourut le 18

Avril 1663, âgé de 71 ans. Neuf jours
après sa mort on lui fit un service
solemnel dans la Chapelle du Collége où il avoit été inhumé. M. de
la Mote-Houdancourt, Archevêque d'Ausch y officia pontifica-
lement, & plusieurs Evêques y assisterent. M. Bossuet qui prêchoit depuis long-temps à Paris avec le plus
grand éclat, prononça l'Oraison funébre du Grand-Maître, quoiqu'il
n'eût eu qu'une semaine pour la
préparer. Mais le discours que fit
M. Bossuet dans cette circonstance ;
étoit très-différent de celui qu'on
a imprimé en 1698, sous le titre
d'Oraison funébre de M. Nicolas
Cornet. Le Secrétaire du Prélat
nous atteste dans son journal, que
lorsque cette Oraison funébre parut,
il dit que ce n'étoit pas là son discours, & qu'il ne se reconnoissoit
point dans cette piece. Pour peu
qu'on l'examine avec des yeux non
prévenus, on conviendra aisément
qu'elle n'est en effet point digne de
ce grand homme, ni quant au fond,
ni quant à la forme. Aussi M. Bossuet ne l'a-t-il point inférée dans

le recueil qu'il a donné lui-même de ses Oraisons funébres en 1699, un an après la publication de celle de Cornet, que ses parens firent imprimer en Hollande. Cependant pour éviter tous les reproches, nous nous sommes déterminés à la fin de ce volume.

ORAISON FUNÈBRE

DE MESSIRE

NICOLAS CORNET,

GRAND MAÎTRE

DU COLLÉGE DE NAVARRE.

Simile eſt Regnum Cœlorum theſauro
abſcondito.

*Le Royaume des Cieux eſt ſemblable à un tréſor
càché.* Matth. XIII. 44.

Ceux qui ont vécu dans les dignités & dans les places relevées, ne
ſont pas les ſeuls d'entre les mortels,
dont la mémoire doit être honorée
par des éloges publics. Avoir mérité
les dignités & les avoir refuſées,
c'eſt une nouvelle eſpece de dignité,

M vj

qui mérite d'être célébrée par toutes fortes d'honneurs ; & comme l'Univers n'a rien de plus grand que les grands Hommes modestes, c'est principalement en leur faveur, & pour conferver leur vertus, qu'il faut épuifer toutes fortes de louanges. Ainfi l'on ne doit pas s'étonner fi cette Maifon Royale ordonne un Panégyrique à M. Nicolas Cornet, fon Grand-Maître, qu'elle auroit vu élevé aux premiers rangs de l'Eglife, fi jufte en toutes autres chofes, il ne s'étoit oppofé en cette feule rencontre à la juftice de nos Rois. Elle doit ce témoignage à fa vertu, cette reconnoiffance à fes foins, cette gloire publique à fa modeftie ; & étant fi fort affligée par la perte d'un fi grand Homme, elle ne peut pas négliger le feul avantage qui lui revient de fa mort, qui eft la liberté de le louer. Car comme, tant qu'il a vécu fur la terre, la feule autorité de fa modeftie fupprimoit les marques d'eftime, qu'elle eût voulu rendre auffi folemnelles que fon mérite étoit extraordinaire, maintenant qu'il lui eft permis d'an-

noncer hautement ce qu’elle a connu
de fi près, elle ne peut manquer
à fes devoirs particuliers, ni envier
au Public l’exemple d’une vie fi
réglée. Et moi, fi toutefois vous
me permettez de dire un mot de
moi-même, moi, dis-je, qui ai trouvé
en ce perfonnage, avec tant d’autres rares qualités, un tréfor iné-
puifable de fages confeils, de bonne
foi, de fincérité, d’amitié conftante
& inviolable, puis-je lui refufer quelques fruits d’un efprit qu’il a cultivé avec une bonté paternelle dès
fa premiere jeuneffe, ou lui dénier
quelque part dans mes difcours,
après qu’il en a été fi fouvent & le
cenfeur & l’arbitre? Il eft donc jufte,
Meffieurs, puifqu’on a bien voulu
employer ma voix, que je rende,
comme je pourrai, à ce Collége
Royal fon Grand-Maître, aux Maifons Religieufes leur pere & leur
protecteur, à la Faculté de Théologie l’une de fes plus vives lumieres,
& celui de tous fes enfans qui peut-
être a autant foutenu (qu’aucun)
cette ancienne réputation de doctrine
& d’intégrité, qu’elle s’eft acquife

par toute la terre ; enfin à toute l'Eglife & à notre fiecle l'un de fes plus grands ornemens.

Sortez, grand Homme, de ce tombeau ; auffi-bien y êtes-vous defcendu trop tôt pour nous : fortez, dis-je, de ce tombeau que vous avez choifi inutilement dans la place la plus obfcure & la plus négligée de cette nef. Votre modeftie vous a trompé auffi-bien que tant de faints Hommes, qui ont cru qu'ils fe cacheroient éternellement en fe jettant dans les places les plus inconnues. Nous ne voulons pas vous laiffer jouir de cette noble obfcurité que vous avez tant aimée; nous allons produire au grand jour, malgré votre humilité, tout ce tréfor de vos graces, d'autant plus riche qu'il eft plus caché. Car, Meffieurs, vous n'ignorez pas que l'artifice le plus ordinaire de la Sageffe célefte, eft de cacher fes ouvrages; & que le deffein de couvrir ce qu'elle a de plus précieux, eft ce qui lui fait déployer une fi grande variété de confeils profonds. Ainfi toute la gloire de cet Homme illuftre, dont je dois aujourd'hui prononcer l'Eloge, c'eſt d'avoir été un tréſor caché; & je ne le louerai pas ſelon ſes mérites, ſi non content de vous faire part de tant de lumieres, de tant de grandeurs, de tant de graces du divin Eſprit, dont nous découvrons en lui un ſi bel amas, je ne vous montre encore un ſi bel artifice, par lequel il s'eſt efforcé de cacher au monde toutes ſes richeſſes.

. Vous verrez donc Nicolas Cornet, tréſor public & tréſor caché, plein de lumières céleſtes, & couvert, autant qu'il a pu, de nuages épais, illuminant l'Egliſe par ſa doctrine, & ne voulant lui faire ſavoir que ſa ſeule ſoumiſſion; plus illuſtre, ſans comparaiſon, par le deſir de cacher toutes ſes vertus, que par le ſoin de les acquérir & la gloire de les poſ-ſéder. Enfin, pour réduire ce diſ-cours à quelque méthode, & vous déduire par ordre les myſteres qui ſont compris dans ce mot évangé-lique de » Tréſor caché, » vous verrez, Meſſieurs, dans le premier Point de ce Diſcours, les richeſſes immenſes & ineſtimables qui ſont renfermées dans ce tréſor; & vous

admirerez dans le second, l'enveloppe
myſtérieuſe, & plus riche que le
tréſor même, dans laquelle il nous
l'a caché. Voilà l'exemple que je
vous propoſe; voilà le témoignage
ſaint & véritable que je rendrai aujourd'hui devant les Autels, au mérite
d'un ſi grand Homme. J'en prends
à témoin ce grand Prélat, ſous la
conduite duquel cette grande Maiſon
portera ſa réputation. Il a voulu paroître à l'Autel; il a voulu offrir à
Dieu ſon ſacrifice pour lui. C'eſt ce
grand Prelat que je prends à temoin
de ce que je vais dire; & je m'aſſure,
Meſſieurs, que vous ne me refuſerez
pas vos attentions.

CE que Jeſus - Chriſt Notre - Seigneur a été naturellement & par
excellence, il veut bien que ſes ſerviteurs le ſoient par écoulement de
lui-même, & par effuſion de ſa
grace. S'il eſt Docteur du monde,
ſes Miniſtres en font la fonction :
& comme en qualité de Docteur
du monde, » En lui, dit l'Apôtre,
» ont été cachés les tréſors de ſcience

» & de sageſſe »; ainſi il a établi
des Docteurs, qu'il a remplis de
grace & de vérité, pour en enrichir
les Fideles; & ces Docteurs, illu-
minés par ſon Saint-Eſprit, ſont
les véritables tréſors de l'Egliſe Uni-
verſelle.

En effet, Chrétiens, lorſque la
Faculté de Théologie eſt & a été ſi
ſouvent conſultée en Corps, & que
ſes Docteurs particuliers le ſont tous
les jours, touchant le devoir de la
conſcience; n'eſt-ce pas un témoignage authentique, qu'autant qu'elle
a de Docteurs, autant devroit-elle
avoir de tréſors publics, d'où l'on
puiſſe tirer, ſelon les beſoins & les
occurrences différentes, de quoi relever les foibles, confirmer les forts,
inſtruire les ſimples & les ignorans,
confondre & réprimer les opiniâtres ? Perſonne ne peut ignorer que
ce ſaint Homme, dont nous parlons, ne ſe ſoit très-dignement ac-
quitté d'un ſi divin miniſtere. Ses
conſeils étoient droits, ſes ſentimens
purs, ſes réflexions efficaces, ſa
fermeté invincible. C'étoit un Docteur de l'ancienne marque, de l'an-

cienne simplicité, de l'ancienne probité ; également élevé au deſſus de
la flatterie & de la crainte, incapable de céder aux vaines excuſes des
pécheurs, d'être ſurpris des détours
des intérêts humains, [de ſe prêter]
aux inventions de la chair & du
ſang : & comme c'eſt en ceci que
conſiſte principalement l'exercice des
Docteurs , permettez-moi, Chrétiens , de reprendre ici d'un plus haut
principe la regle de cette conduite.

Deux maladies dangereuſes ont
affligé en nos jours le Corps de l'E-
gliſe : il a pris à quelques Docteurs
une malheureuſe & inhumaine complaiſance , une pitié meurtriere , qui
leur a fait porter des couſſins ſous
les coudes des pécheurs , chercher
des couvertures à leurs paſſions, pour
condeſcendre à leur vanité, & flat-
ter leur ignorance affectée. Quelques
autres , non moins extrêmes , ont
tenu les conſciences captives ſous des
rigueurs très-injuſtes : ils ne peuvent
ſupporter aucune foibleſſe, ils traî-
nent toujours l'enfer après eux, &
ne fulminent que des anathêmes.
L'ennemi de notre ſalut ſe ſert

également des uns & des autres,
employant la facilité de ceux-là pour
rendre le vice aimable, & la févérité
de ceux-ci pour rendre la vertu
odieufe. Quels excès terribles, &
quelles armes oppofées ! Aveugles
enfans d'Adam, que le defir de favoir a précipités dans un abyme d'i-
gnorance, ne trouverez-vous jamais
la médiocrité, où la juftice, où la
vérité, où la droite raifon a pofé
fon trône ?

Certes, je ne vois rien dans le
monde qui foit plus à charge à
l'Eglife que ces efprits vainement
fubtils, qui réduifent tout l'Evangile
en problêmes, qui forment des in-
cidens fur l'exécution de fes préceptes, qui fatiguent les Cafuiftes
par des confultations infinies : ceux-
là ne travaillent, en vérité, qu'à
nous envelopper la regle des mœurs.
« Ce font des hommes, dit faint
» Auguftin, qui fe tourmentent
» beaucoup pour ne pas trouver ce
» qu'ils cherchent » : *Nihil laborant,
nifi non invenire quod quærunt ; »* Et,
» comme dit le même Saint, qui
» tournant s'enveloppent eux-mêmes

*De Gent. epi
Manich. lib. H,
c. II, t. I, pag.
665.*

» dans les ombres de leurs propres
» ténébres », c’eſt-à-dire, dans leur
ignorance & dans leurs erreurs, &
s’en font une couverture. Mais plus
malheureux encore les Docteurs indignes de ce nom, qui adherent à
leurs ſentimens, & donnent poids
à leur folie. « Ce ſont des aſtres
» errans », comme parle l’Apôtre
ſaint Jude, qui, pour n’être pas
aſſez attachés à la route immuable
de la vérité, gauchiſſent & ſe détournent au gré des vanités, des
intérêts & des paſſions humaines.
Ils confondent le ciel & la terre ;
ils mêlent Jeſus-Chriſt avec Bélial ;
ils couſent l’étoffe vieille avec la
neuve, contre l’ordonnance expreſſe
de l’Evangile, des lambeaux de
mondanité avec la pourpre royale ::
mélange indigne de la piété chrétienne ; union monſtrueuſe qui déshonore la vérité, la ſimplicité, la
pureté incorruptible du Chriſtianiſme.

Mais que dirai-je de ceux qui
détruiſent, par un autre excès, l’eſprit de la piété, qui trouvent par-
tout des crimes nouveaux, & ac-

$\sim$ablent la foibleſſe humaine en ajou-
tant au joug que Dieu nous im-
poſe? Qui ne voit que cette rigueur
enfle la préſomption, nourrit le dé-
dain, entretient un chagrin ſuperbe,
& un eſprit de faſtueuſe ſingularité,
fait paroître la vertu trop peſante,
l'Evangile exceſſif, le Chriſtianiſme
impoſſible? O foibleſſe & légéreté
de l'eſprit humain, ſans point, ſans
conſiſtance, ſeras-tu toujours le jouet
des extrémités oppoſées? Ceux qui
ſont doux deviennent trop lâches;
ceux qui ſont fermes deviennent
trop durs. Accordez-vous, ô Docteurs; & il vous ſera bien aiſé, pourvu que vous écoutiez le Docteur
céleſte. « Son joug eſt doux, nous   *Matt. XI, 3*
» dit-il, & ſon fardeau eſt léger ».
« Voyez, dit ſaint Chryſoſtôme, le
» tempérament; il ne dit pas ſim-
» plement que ſon Evangile ſoit
» ou peſant ou léger : mais il joint
» l'un & l'autre enſemble; afin que
» nous entendions que ce bon Maître
» ni ne nous décharge ni ne nous
» accable; & que ſi ſon autorité
» veut aſſujettir nos eſprits, ſa bonté

» veut en même temps ménager nos
» forces ».

In Matt. Homil. XXXVIII, n. 3, t. VII, p. 429.

Vous donc, Docteurs relâchés, puisque l'Evangile est un joug, ne le rendez pas si facile; de peur que si vous êtes chargés de son poids, vos passions indomptées ne le secouent trop facilement; & qu'ayant rejetté le joug, nous ne marchions indociles, superbes, indisciplinés, au gré de nos desirs impétueux. Vous aussi, Docteurs trop austeres, puisque l'Evangile doit être léger, n'entreprenez pas d'accroître son poids; n'y ajoutez rien de vous-mêmes ou par faste, ou par caprice, ou par ignorance. Lorsque ce Maître commande, s'il charge d'une main il soutient de l'autre : ainsi tout ce qu'il impose est léger; mais tout ce que les hommes y mêlent est insupportable.

Vous voyez donc, Chrétiens, que pour trouver la regle des mœurs, il faut tenir le milieu entre les deux extrémités; & c'est pourquoi l'Oracle toujours sage nous avertit de ne nous détourner jamais ni à la

Prov. IV, 27.

droite ni à la gauche. Ceux-là se
détournent à la gauche, qui penchent
du côté du vice, & favorisent le
parti de la corruption : mais ceux
qui mettent la vertu trop haut, à
qui toutes les foiblesses paroissent des
crimes horribles, ou qui, des conseils de perfection font la loi commune de tous les Fideles, ne doivent pas se vanter d'aller droitement,
sous prétexte qu'ils semblent chercher une régularité plus scrupuleuse.
Car l'Ecriture nous apprend que si
l'on peut se détourner en allant à
gauche, on peut aussi s'égarer du
côté de la droite ; c'est-à-dire, en
s'avançant à la perfection, en capti-
vant les ames infirmes sous des rigueurs trop extrêmes. Il faut marcher
au milieu : c'est dans ce sentier où
la justice & la paix se baisent de bai-
sers sinceres ; c'est-à-dire, qu'on rencontre la véritable droiture, & le
calme assuré des consciences : *Mise-*   *Ps. LXXXIV.*
ricordia & veritas obviaverunt sibi,
justitia & pax obsculatæ sunt.

Il est permis aux enfans de louer
leur mere ; & je ne dénierai point
ici à l'Ecole de Théologie de Paris

la louange qui lui est due, & qu'on lui rend aussi par toute l'Eglise. Le trésor de la vérité n'est nulle part plus inviolable. Les fontaines de Jacob ne coulent nulle part plus incorruptibles. Elle semble divinement être établie avec un grace particuliere, pour tenir la balance droite, conserver le dépôt de la Tradition. Elle a toujours la bouche ouverte pour dire la vérité : elle n'épargne ni ses enfans ni les étrangers, & tout ce qui choque la regle n'évite pas sa censure.

Le sage Nicolas Cornet, affermi dans ses maximes, exercé dans ses emplois, plein de son esprit, nourri du meilleur suc de sa doctrine, a soutenu dignement sa gloire & l'ancienne pureté de ses maximes. Il ne s'est pas laissé surprendre à cette rigueur affectée, qui ne fait que des superbes & des hypocrites : mais aussi s'est-il montré implacable à ces maximes, moitié profanes & moitié saintes, moitié chrétiennes & moitié mondaines; ou plutôt toutes mondaines & toutes profanes; parce qu'elles ne font qu'à demi-

chrétiennes

chrétiennes & à demi-faintes. Il n'a
jamais trouvé belles aucunes des
couleurs de la Simonie ; & pour entrer dans l'Etat Eccléfiaftique, il n'a
pas connu d'autre porte que celle
qui eft ouverte par les faints Canons.
Il a condamné l'ufure fous tous fes
noms & fous tous fes titres. Sa pudeur
a toujours rougi de tous les prétextes
honnêtes des engagemens déshon-
nêtes, où il n'a pas épargné le fer
& le feu pour éviter les périls des
occafions prochaines. Les inventeurs
trop fubtils de vaines contentions
& de queftions de néant, qui ne
fervent qu'à faire perdre, parmi des
détours infinis, la trace toute droite
de la vérité, lui ont paru, auffi-bien
qu'à S. Auguftin, des hommes incon-
fidérés & volages, « Qui foufflent fur
» de la pouffiere, & fe jettent de la
» terre dans les yeux » : *Sufflantes
pulverem, & excitantes terram in oculos
fuos.* Ces chicanes raffinées, ces fub-
tilités en vaines diftinctions, font
véritablement de la pouffiere fouf-
flée, de la terre dans les yeux,
qui ne font que troubler la vue.
Enfin il n'a écouté aucun expédient

*Conf. lib. XII,
c. XVI, tom. I,
p. 215.*

Tome XVII.   N

pour accorder l'esprit & la chair,
entre lesquels nous avons appris que
la guerre doit être immortelle. Toute
la France le sait; car il a été con-
sulté de toute la France, & il faut
même que ses ennemis lui rendent
ce témoignage, que ses conseils
étoient droits, sa doctrine pure, ses
discours simples, ses réflexions
sensées, ses jugemens sûrs, ses
raisons pressantes, ses résolutions
précises, ses exhortations efficaces,
son autorité vénérable, & sa fermeté invincible.

C'étoit donc véritablement un
grand & riche trésor, & tous ceux
qui le consultoient, parmi cette
simplicité qui le rendoit vénérable,
voyoient paroître avec abondance,
dans ce trésor évangélique, les
choses vieilles & nouvelles, les
avantages naturels & surnaturels, les
richesses des deux Testamens, l'érudition ancienne & moderne, la
connoissance profonde des saints
Peres & des Scholastiques, la science
des antiquités & de l'état présent
de l'Eglise, & le rapport nécessaire
de l'un & de l'autre. Mais parmi

tout cela, Messieurs, rien ne donnoit plus d'autorité à ses décisions que l'innocence de sa vie : car il n'étoit pas de ces Docteurs licencieux dans leurs propres faits, qui, se croyant suffisamment déchargés de faire de bonnes œuvres par les bons conseils, n'épargnent ni ne ménagent la bonne conscience des autres, indignes prostituteurs de leur intégrité. Au contraire, Nicolas Cornet ne se pardonnoit rien à lui-même ; & pour composer ses mœurs, il entroit dans les sentimens de la justice, de la jalousie, de l'exactitude d'un Dieu qui veut rendre la vérité redoutable. Nous savons que dans une affaire de ses amis, qu'il avoit recommandée comme juste, craignant que le Juge, qui le respectoit, n'eût trop déféré à son témoignage & à sa sollicitation, il a réparé de ses deniers le tort qu'il reconnut, quelque temps après, avoir été fait à la Partie ; tant il étoit lui-même févere censeur de ses bonnes intentions.

Que vous dirai-je maintenant, Messieurs, de sa régularité dans tous ſes autres devoirs ? Elle paroît principalement dans cette admirable circonſpection qu'il avoit pour les Bénéfices : bien-loin de les déſirer, il crut qu'il en auroit trop, quand il en eut pour environ douze cents livres de rente. Ainſi il ſe défit bientôt de ſes titres, voulant honorer en tout la pureté des Canons, & ſervir à la ſainteté & à l'ordre de la diſcipline eccléſiaſtique. Tant qu'il les a tenus, les pauvres & les fabriques en ont preſque tiré tout le fruit. Pour ce qui touchoit ſa perſonne, on voyoit qu'il prenoit à tâche d'honorer le ſeul néceſſaire, par un retranchement effectif de toutes les ſuperfluités ; tellement que ceux qui le conſultoient, voyant cette ſageſſe, cette modeſtie, cette égalité de ſes mœurs, le poids de ſes actions & de ſes paroles ; enfin cette piété & cette innocence, qui, dans la plus grande chaleur des partis, étoient toujours demeurées ſans reproche : & admirant le conſentement de ſa vie & de ſa doctrine, croyoient que c'étoit la juſtice même qui parloit par ſa bouche ; &

ils révéroient ses réponses comme des oracles d'un Gerson, d'un Pierre d'Ailly, & d'un Henri de Gand. Et plût à Dieu, Messieurs, que le malheur de nos jours ne l'eût jamais arraché de ce paisible exercice !

Vous le savez, juste Dieu, vous le savez, que c'est malgré lui que cet homme modeste & pacifique a été contraint de se signaler parmi les troubles de votre Eglise. Mais un Docteur ne peut pas se taire dans la cause de la Foi ; & il ne lui étoit pas permis de manquer en une occasion où sa science exacte & profonde, & sa prudence consommée ont paru si fort nécessaires. Je ne puis non plus omettre en ce lieu le service très-important qu'il a rendu à l'Eglise, & je me sens obligé de vous exposer l'état de nos malheureuses dissentions ; quoique je désirerois beaucoup davantage de les voir ensevelies éternellement dans l'oubli & dans le silence. Quelle effroyable tempête s'est excitée en nos jours, touchant la grace & le libre arbitre ? Je crois que tout

le monde ne le fait que trop ; & il n'y
a aucun endroit, fi réculé de la
terre, où le bruit n'en ait été répandu. Comme prefque le plus grand
effort de cette nouvelle tempête
tomba dans le temps qu'il étoit
Syndic de la Faculté de Théologie ;
voyant les vents s'élever, les nues
s'épaiffir, les flots s'enfler de plus en
plus ; fage, tranquille & pofé qu'il
étoit, il fe mit à confidérer attentivement quelle étoit cette nouvelle
doctrine, & quelles étoient les perfonnes qui la foutenoient. Il vit
donc que faint Auguftin, qu'il tenoit
le plus éclairé & le plus profond
de tous les Docteurs, avoit expofé
à l'Eglife une Doctrine toute fainte
& apoftolique touchant la grace chrétienne ; mais que, ou par la foibleffe
naturelle de l'efprit humain, ou à
caufe de fa profondeur ou de la
délicateffe des queftions, ou plutôt
par la condition néceffaire & in-
féparable · de notre Foi, durant
cette nuit d'énigmes & d'obfcurités,
cette Doctrine célefte s'eft trouvée
néceffairement enveloppée parmi
des difficultés impénétrables ; fi bien

qu'il y avoit à craindre qu'on ne fût jetté insensiblement dans des conséquences ruineuses à la liberté de l'homme : ensuite il considéra avec combien de raisons toute l'Ecole & toute l'Eglise s'étoient appliquées à défendre les conséquences ; & il vit que la faculté des nouveaux Docteurs en étoit si prévenue, qu'au lieux de les rejetter, ils en avoient fait une Doctrine propre : si bien que la plupart de ces conséquences, que tous les Théologiens avoient toujours regardées jusqu'alors comme des inconvéniens fâcheux, au devant desquels il falloit aller pour bien entendre la Doctrine de saint Augustin & de l'Eglise, ceux-ci les regardoient au contraire comme des fruits nécessaires, qu'il en falloit recueillir ; & que ce qui avoit paru à tous les autres comme des écueils contre lesquels il falloit craindre d'échouer le vaisseau, ceux-ci ne craignoient point de nous le montrer comme le port salutaire auquel devoit aboutir la navigation. Après avoir ainsi regardé la face & l'état de cette Doctrine, que les Docteurs, sans doute, reconnoîtront bien sur cette idée générale, il s'appliqua à connoître le génie de ses Défenseurs. Saint Grégoire de Nazianze, qui lui étoit fort familier, lui avoit appris que les troubles ne naissent pas dans l'Eglise par des ames communes & foibles : « Ce » sont, dit-il, de grands esprits, » mais ardens & chauds, qui cau- » sent ces mouvemens & ces tu- » multes » : mais ensuite les décrivant par leurs caracteres propres, il les appelle excessifs, insatiables, & portés plus ardemment qu'il ne faut aux choses de la Religion ; paroles vraiment sensées, & qui nous représentent au vif le naturel de tels esprits.

Vous êtes étonnés peut-être d'entendre parler de la sorte un si saint Evêque. Car, Messieurs, nous devons entendre que si l'on peut avoir trop d'ardeur, non point pour aimer la saine Doctrine, mais pour l'éplucher de trop près, & pour la rechercher trop subtilement ; la premiere partie d'un homme qui étudie les vérités saintes, c'est de favoir difcerner les endroits où il eft permis de s'étendre, & où il faut s'arrêter tout court, & fe fouvenir des bornes étroites dans lefquelles eft refferrée notre intelligence: de forte que la plus prochaine difpofition à l'erreur, eft de vouloir réduire les chofes à la derniere évidence de la conviction. Mais il faut modérer le feu d'une mobilité inquiete, qui caufe en nous cette intempérance & cette maladie de favoir, & être fages fobrement & avec mefure, felon le précepte de l'Apôtre, & fe contenter fimplement des lumieres qui nous font données plutôt pour réprimer notre curiofité, que pour éclaircir toutà-fait le fonds des chofes. C'eft pourquoi ces efprits extrêmes, qui ne fe laffent jamais de chercher, ni de difcourir, ni de difputer, ni d'écrire, faint Grégoire de Nazianze les a appellés exceffifs & infatiables.

Notre fage & avifé Syndic jugea que ceux defquels nous parlons étoient à-peu-près de ce caractere; grands hommes, éloquens, hardis, décisifs, esprits forts & lumineux, mais plus capables de pousser les choses à l'extrémité, que de tenir le raisonnement sur le penchant ; & plus propres à commettre ensemble les vérités chrétiennes, qu'à les réduire à leur unité naturelle ; tels enfin, pour dire en un mot, qu'ils donnent beaucoup à Dieu, & que c'est pour eux une grande grace de céder entiérement à s'abaisser sous l'autorité suprême de l'Eglise & du Saint Siége. Cependant les esprits s'émeuvent, & les choses se mêlent de plus en plus. Ce Parti, zélé & puissant, charmoit du moins agréablement, s'il n'emportoit tout-à-fait la fleur de l'Ecole & de la Jeunesse : enfin il n'oublioit rien pour entraîner après soi toute la Faculté de Théologie.

C'est ici qu'il n'est pas croyable combien notre sage Grand-Maître a travaillé utilement parmi ces tumultes, convaincant les uns par sa doctrine, retenant les autres par son autorité, animant & soutenant tout le monde par sa constance ; & lorsqu'il parloit en Sorbonne dans

les délibérations de la faculté, c'est-
là qu'on reconnoissoit, par expérience, la vérité de cet Oracle :
« La bouche de l'homme prudent
» est désirable dans les assemblées,
» & chacun pese toutes ses paroles
» en son cœur » : *Os prudentis quæ-*
ritur in Ecclesia, & verba illius cogita-
bunt in cordibus suis. Car il parloit *Eccli. XXI, 20.*
avec tant de poids, dans une si
belle suite, & d'une maniere si
considérée, que même ses ennemis
n'avoient point de prise. Au reste,
il s'appliquoit également à démêler
la doctrine, & à prévenir les pratiques par sa sage & admirable
prévoyance; en quoi il se condui-
soit avec une telle modération ,
qu'encore qu'on n'ignorât pas la
part qu'il avoit en tous les conseils, toutefois à peine auroit - il
paru, n'étoit que ses adversaires ,
en le chargeant publiquement presque de toute la haine, lui donnerent
aussi, malgré lui-même, la plus
grande partie de la gloire. Et certes,
il est véritable qu'aucun n'étoit
mieux instruit du point décisif de
la question. Il connoissoit très-par-

faitement & les confins & les bornes de toutes les opinions de l'Ecole, jusqu'où elles couroient, & où elles commençoient à se séparer : surtout il avoit grande connoissance de la Doctrine de saint Augustin & de l'Ecole de saint Thomas. Il connoissoit les endroits par où ces nouveaux Docteurs sembloient tenir les limites certaines, par lesquelles ils s'en étoient divisés. C'est de cette expérience, de cette connoissance exquise, & du concert des meilleurs cerveaux de la Sorbonne, que nous est né cet extrait de ces cinq Propositions, qui font comme les justes limites par lesquelles la vérité est séparée de l'erreur ; & qui étant, pour ainsi parler, le caractere propre & singulier des nouvelles opinions, ont donné le moyen à tous les autres de courir unanimement contre leurs nouveautés inouies.

C'est donc ce consentement qui a préparé les voies à ces grandes décisions que Rome a données; à quoi notre très-sage Docteur, par la créance qu'avoit même le Sou-

verain Pontife à sa parfaite intégrité,
ayant si utilement travaillé, il en
a aussi avancé l'exécution avec une
pareille vigueur, sans s'abattre,
sans se détourner, sans se ralentir:
si bien que par son travail, sa conduite, & par celle de ses fideles
coopérateurs, ils ont été contraints
de céder. On ne fait plus aucune
sortie, on ne parle plus que de
paix. O qu'elle soit véritable ! ô
qu'elle soit effective ! qu'elle soit
éternelle ! Que nous puissions avoir
appris par expérience combien il
est dangereux de troubler l'Eglise,
& combien on outrage la sainte
Doctrine, quand on l'applique
malheureusement parmi des extrêmes conséquences ! Puissent
naître de ces conflits des connois-
sances plus nettes, des lumieres
plus distinctes, des flammes de charité plus tendres & plus ardentes,
qui rassemblent bientôt en un, par
cette véritable concorde, les membres dispersés de l'Eglise !

Mais je reviens à celui qui nous
fournit à ce jour une si riche matiere de justes louanges. Quelqu'un

entendant son Panégyrique, voyant tant de grands services qu'il a rendus à l'Eglise, & découvrant en ce personnage un si admirable trésor de rares & excellentes qualités, murmurera peut-être en secret de ce qu'une lumiere si vive n'a pas été exposée plus haut sur le chandelier, & déclamera en son cœur contre l'injustice du siecle. Cette plainte paroît équitable ; mais je dois néanmoins la faire cesser. Vous, qui paroissez indignés qu'une vertu si rare n'a pas été couronnée, n'avez-vous pas entendu que j'ai dit, au commencement de ce Discours, que ce grand homme s'étoit éloigné de toutes les dignités ? Je l'ai dit, & je le dis encore une fois : le siecle n'a pas été injuste ; mais Nicolas Cornet a été modeste. On a recherché son humilité ; mais il n'y a pas eu moyen de la vaincre. Nos Rois ont connu son mérite, l'ont voulu reconnoître ; mais on n'a pu le resoudre à recevoir d'une main mortelle, quoique royale ; les Ministres & les Prélats concourant également à l'estimer. Je pourrois ici alléguer cet illuftre Prélat, qui fera paroître bientôt une nouvelle lumiere dans le Siége de faint Denis & de faint Marcel, & qui a cette noble fatisfaction de voir croître tous les jours fa gloire avec celle de notre Monarque. Quand je confidere les grands avantages qui lui ont été offerts, je ne puis que je n'admire cette vie modefte, & je ne vois pas dans notre fiecle un plus bel exemple à imiter.

Les deux auguftes Cardinaux, qui ont foutenu la majefté de cet Empire, ont voulu donner la récompenfe qui étoit due à fon mérite ; mais il a tout refufé.

Le premier l'ayant appellé, lui fit des offres dignes de fon Eminence : le fecond l'ayant préfenté à notre augufte Reine, mere de notre invincible Monarque, lui propofa fes intentions pour une Prélature; mais il remercia Sa Majefté & fon Eminence, déclarant qu'il n'avoit pas les qualités naturelles & furnaturelles, néceffaires pour les grandes dignités. Vous voyez par-là quelle

a été son humilité, & combien
il a été soigneux de cacher les
illustres avantages qu'il avoit
reçus de Dieu ; puisque même il
alloit jusqu'au devant des propositions qu'on lui vouloit faire.

Et , Messieurs , permettez-moi que
je fasse une petite digression. J'ai
vu un grand Homme mépriser ce
qu'il y a de plus éclatant dans le
siecle ; & cependant je vois une
jeunesse emportée , qui n'a de
toutes les qualités nécessaires, que
des desirs violens pour s'élever aux
charges ecclésiastiques , sans considérer si elle pourra s'acquitter des
obligations qui sont attachées à
ces dignités. On emploie tous les
amis ; on brigue la faveur des Princes ; on croit que c'est assez de
monter sur le trône de Pharaon,
comme Joseph , pour gouverner
l'Egypte ; mais il faut , comme lui,
avoir été dans le cachot, auparavant
que d'être le favori de Pharaon.
Ah ! modération de Cornet , tu
dois bien confondre cette jeunesse
aveuglée : on t'a présenté des dignités & tu les a refusées. *Rara*

virtus, humilitas honorata : « Que » c'est une chofe rare de voir une » perfonne humble, quand elle eft » élevée dans l'honneur ». ! Notre grand Maître a eu cette vertu pendant fa vie ; mais parce qu'il s'eft humilié, il faut qu'il foit glorifié après fa mort.

Le Fils de Dieu, qui n'a prononcé que des oracles, a dit « Que celui » qui s'humilie fera exalté » : *Qui fe humiliat, exaltabitur.* Nicolas Cornet ayant été humble toute fa vie, eft & fera bientôt en poffeffion de la gloire. Comme il a eu l'humilité, il a eu toutes les autres vertus dont elle eft le fondement. Il a été fage dès fon enfance ; la pudeur eft née avec lui : il a voué fa virginité à Dieu dès fes plus tendres années ; il a fuivi le confeil de faint Paul, qui ordonne à tous les Chrétiens « De fe » confacrer à Dieu comme des hof- » ties faintes & vivantes » : *Obfecro vos per vifcera mifericordiæ, ut exhibeatis vos hoftiam fanctam, viventem,* &c. Il fit un facrifice de fon corps & de fon ame à Dieu : il confacra fon entendement à la Foi, fa mémoire au fouvenir éternel de Dieu, fa volonté à l'amour, fon corps au jeûne & à la piété. Il fut fimple dans fes difcours, inviolable dans fa parole, incorruptible dans fa foi, fidele aux exercices de l'oraifon, & fur-tout attaché aux affaires de notre falut.

Ah! fainte Vierge, je vous en prends à témoin : vous favez combien de nuits il a été profterné aux pieds de vos autels ; combien il a imploré votre affiftance pour le foulagement des pauvres peuples, & pour la confolation des affligés.

Matt. V, 14. Ce grand Homme, cette ame forte & folide, qui favoit que Jefus-Chrift nous a recommandé d'être des lumieres, c'eft-à-dire, de donner de bons exemples ; & d'ailleurs, que notre vie doit être cachée, c'eft-à-dire, doit être humble, a pratiqué parfaitement ces deux préceptes. Il fut humble & exemplaire : il faifoit quelques petites aumônes en public, pour édifier le prochain ; mais en particulier il en

faifoit de grandes : il étoit le protecteur des pauvres, & le foulagement des hôpitaux. Voilà les vertus
qu'il a cachées.

Je ne parle point du refpect envers
notre Monarque, de fa foumiffion
à l'Eglife, de fon amour immenfe
envers fon prochain. Il eft certain que
la France n'a pas eu d'ame plus fran-
çoife que la fienne, & que l'Etat
n'a pas eu d'efprit plus attaché à
fon Prince que le fien. Mais il ne
s'eft pas contenté de cette fidélité
qui a duré toute fa vie; il a, avant
que de mourir, infpiré fon efprit à
cette Maifon Royale.

Je ne finirois jamais, Meffieurs,
fi je voulois faire le dénombrement
de toutes fes belles qualités. Finif-
fons, & retenons ce torrent : mais
avant que de finir, voyons à quelle
fin on m'a obligé de faire cet Eloge
funébre. Quel fruit faut-il tirer de
ce difcours ? Ah ! Meffieurs, je ne
fuis monté en cette Chaire que pour
vous propofer fes vertus pour
exemple. Heureux feront ceux qui
vivront comme il a vécu ! heureux
feront ceux qui pratiqueront les ver-

tus qu'il a pratiquées ! heureux feront ceux qui mépriferont les charges & les titres que le monde recherche ! heureux feront ceux qui retranchent les chofes fuperflues ! heureux feront ceux qui ne s'enivrent pas de la fumée du fiecle ! heureux feront ceux qui ne vont pas fe plonger dans la boue des plaifirs du monde ! C'eft ce que ce grand Homme a fait, & que vous devez faire. Pourquoi, homme du monde, vous arrêter à un plaifir d'un moment ? pourquoi occuper tous vos foins & toutes vos penfées, pour amaffer des chofes que vous n'emportez pas ? pourquoi affiéger tous les matins la porte des Grands ? Ne penfez qu'à une feule chofe; c'eft le Fils de Dieu qui l'a dit : *Porrò unum eft neceffarium* : « Il n'y a » qu'une chofe néceffaire »; il n'y a qu'une chofe importante, qui eft notre falut. *In me unicum negotium mihi eft*, dit Tertulien : « Je n'ai qu'une af- » faire », & cette affaire eft bien fecrete; elle eft dans le fond de mon cœur : c'eft une affaire qui fe doit paffer entre Dieu & moi ; & comme elle

Luc, X, 42.

Tertul. de Pal. n. p. 138.

est de si grande importance, elle doit toute ma vie, tous les jours, toutes les heures, à tout moment, occuper mes soins & mes pensées.

Voilà, Messieurs, l'affaire à laquelle s'est occupé Nicolas Cornet. Entrez dans les sentimens de ce grand Homme; imitez ses vertus, pratiquez l'humilité comme lui, aimez l'obscurité comme il l'a aimée.

Mais avant que de finir, il faut que je m'adresse à toi, Royale Maison, & que je te dise deux mots. Célebre sa mémoire, conserve son souvenir; &, si je puis demander quelque récompense pour ses travaux, imite ses vertus, va croissant de perfection en perfection. Ce grand exemple est digne d'être imité. Mais je me trompe, tu l'imites & dans sa doctrine & dans ses mœurs; continue & persévere.

Et vous, grands Manes, je vous appelle, sortez de ce tombeau : je crois que vous êtes dans la gloire; mais si vous n'êtes pas encore dans le Sanctuaire, vous y serez bientôt. Nous allons tous offrir à Dieu des sacrifices pour votre repos. Souve-

nez-vous de cette Maison Royale,
que vous avez ſi tendrement chérie,
& lui procurez les bénédictions du
ciel. C'eſt ce que je vous ſouhaite au
nom du Pere, du Fils & du Saint-
Eſprit. *Amen.*

F I N.